KB234908

동행

기적을 그리는
호박수녀

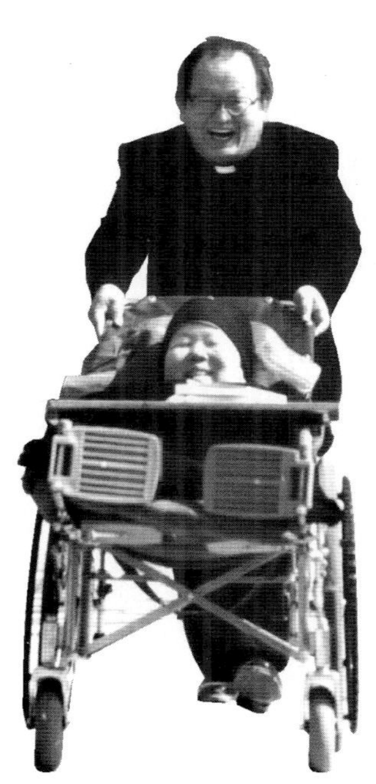

가라뫼

동행 기적을 그리는 호박수녀

초판 발행일	2001년 3월 15일
개정판 발행일	2009년 9월 10일
지은이	윤석인
펴낸이	김낙봉
펴낸곳	가라뫼출판사
편집진행	편집부
디자인	디 쏘
등록번호	제2006—5호
등록일자	2006년 3월 15일
주소	서울시 종로구 내수동 73 경희궁의아침 4단지오피스텔 412호
전화	02—775—7840
팩스	02—6008—6134
E—mail	garamebook@naver.com

ISBN 978-89-93409-06-2 03230

ⓒ윤석인 2009. Printed in Seoul, Korea

— 《동행 - 기적을 그리는 호박수녀》는 2001년 발행된 윤석인 수녀의 《동행》의 개정판입니다.
— 본문 중의 연도, 나이 등은 초판 때의 느낌을 유지하기 위해 그대로 두었습니다.
— 저자와의 협의에 따라 인지는 붙이지 않습니다.
— 잘못된 책은 바꾸어 드립니다.

동행

기적을 그리는
호박수녀

윤석인 지음·그림

나의 장애된 몸은 고귀한 가치를……

예술의전당 전시회 준비 - 100호 그림 작업 (2000. 6).

내 망가진 육신이 죽음을 통과해서 내 영혼이 하느님 품 안으로
들어간 후, 모든 이들 기억 속에 사람의 종교적인 심성을
참 잘 표현해 낸 수녀화가였다고 일컬어질 수 있다면!

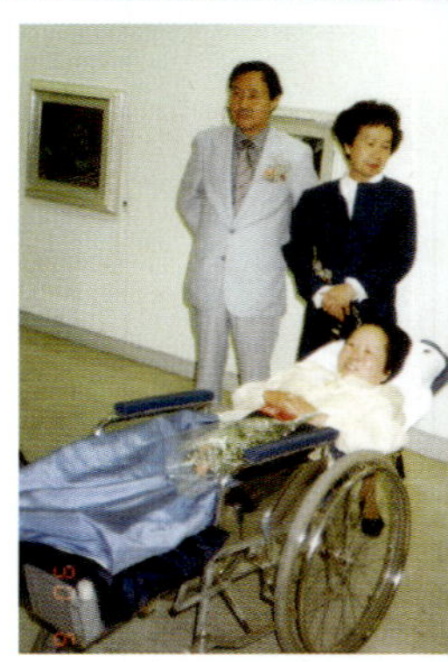

▲ 미술 스승인 나희균 님,
안재후 님과 함께 (1991).

너의 기쁨도, 나의 기쁨도,
우리의 기쁨으로 공유할 수 있는
'함께 삶의 기쁨을!!!'

▼ 둔촌동성당에서의 첫 전시회 때 임상무 주임신부님과 테이프 커팅 (1986. 7).

▲ 둔촌동성당에서 열린 첫 전시회 - 도와준 친지, 봉사자들과 함께 (1986. 7).

▲ 5살 한옥 툇마루에서.　　▲ 10살 꽃밭에서.　　▲ 11살 가족사진. 이 무렵 초등학교 5학년 때 병을 앓아 더는 서 있는 모습의 사진을 찍지 못했다.

▲ 예술의전당 전시회 준비중 작업실에서 (2000. 6).

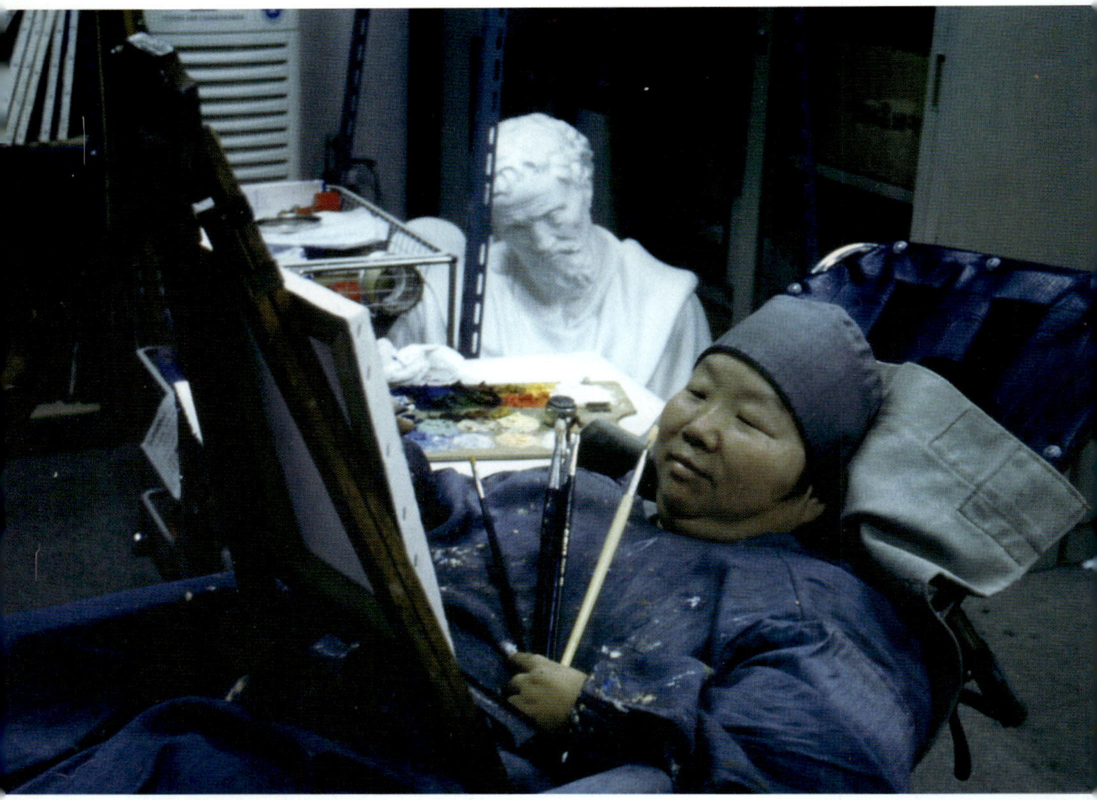

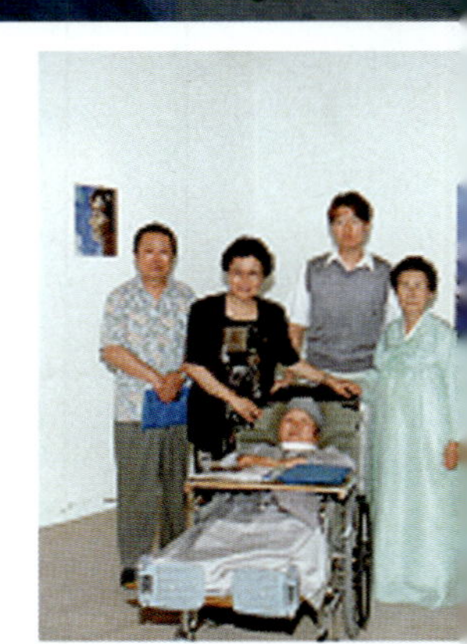

혼자서는 살 수 없는 몸이기에 함께 사는 세상의 아름다움을
가장 잘 보여줄 수 있는 중증장애인의 진정한 동행이 되어…….

◀ 워싱턴 – 세계 여성장애인 리더십 포럼 참가 (1997. 6).

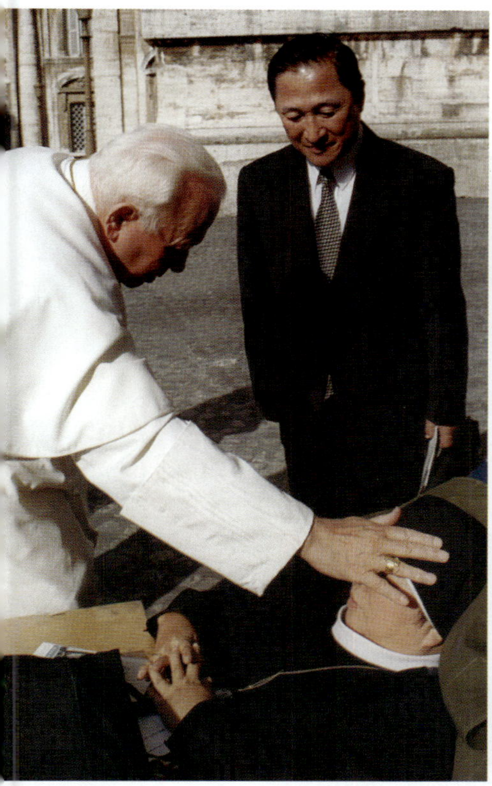

▲ 이탈리아 성지순례 – 요한 바오로 2세 교황님의 안수를 받다. 옆은 주(駐)바티칸 배양일 대사님 (2000. 9).

▲ 에탈리아 성지순례중 로마 베드로광장에서 (2000. 9).

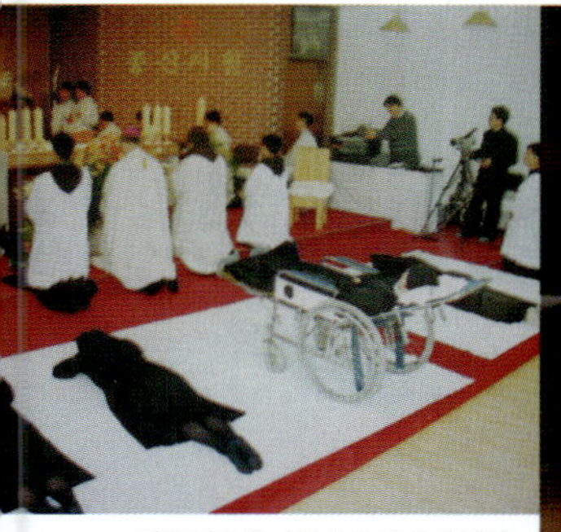

▲ 작은예수수녀회 1기 종신서원식에서 (1999. 2).

◀ 예술의전당에서 열린 전시회 때 가족과 함께 (2000. 6).

▲ 서강대에서 '나의 젊음 나의 희망'을 주제로 강연 (2009).

영적인 그림일 수 있기를 소망합니다

▲ 작은예수수녀회 창립자 박성구 신부님과 어느날 (2002).

장애인인 나는, 내 의지와 상관없이 놓여진 존재 상황인 것입니다.
그 상황 안에서 살아가는 나는 화가이자 수녀로서의 길을 가고 있습니다.
이것은 은총으로 이끌려짐과 내 의지가 함께한 존재 방법입니다.

▲ 가톨릭 수도자 전시회장에서 김수환 추기경님과 송경 작가님
과 함께 (2002. 7).

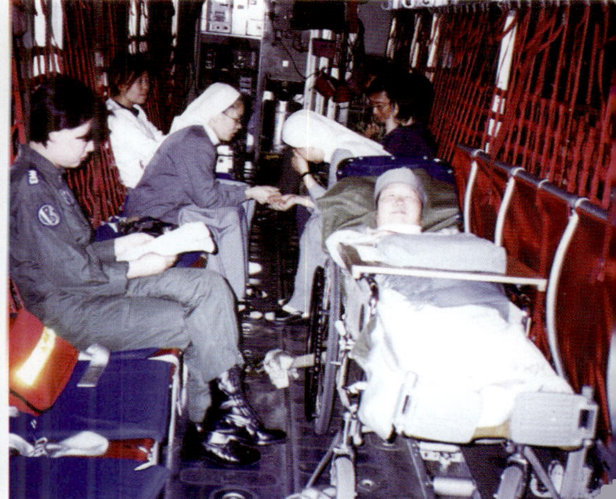

▲ 제주도 장애인공동체 방문길에 공군의 협조로 군수송기를
타다 (2002. 5).

▲ 평화화랑에서 열린 제2회
개인전 (2001. 4).

▲ 이탈리아 로마 라삐냐 화랑에서 열린 개인
전시회 개막식 (2001. 12).

▲ 로마 전시회 축하연 - 밀라노에서 음악을 공부
하는 박성희 님이 부르는 축가를 듣고 있다.

자전적 동화 《누워있는 피카소》 삽화전 - 홈플러스 강서점 갤러리 (2006. 12).

하늘과 꽃과 크레파스만 있었으면 하던 어릴 때의 꿈이 현실이 된 지금,
나는 그림을 그리고 있을 때가 가장 기쁩니다.

저와 같은 모습의 다른 장애인들을 위하여 일하며 보은하고 싶은 갈망에
더 많이 기도하고, 아픈 관절을 움직여 그림을 그릴 것입니다.

▲ 국회의원회관 1층에서 열린 '여성 중증장애인 집짓기 나눔 한마당' (2005. 11)

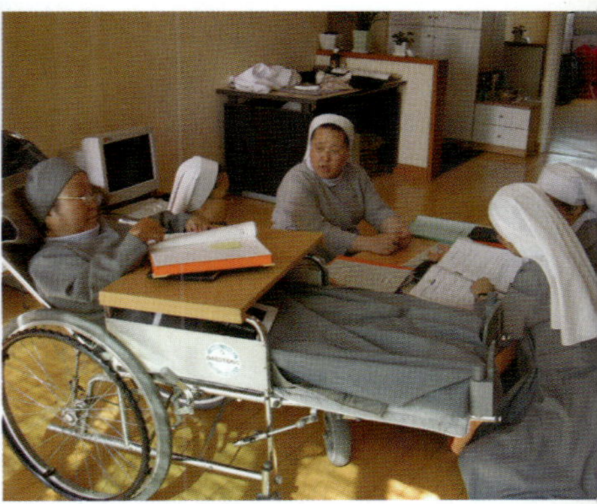

▲ 전국 9개 장애인공동체 방문 중에서 (2005).

▲ 여성 중증장애인 생활시설 '성가정의 집' 축성식 (2008. 8).

▲ 장애인 식구와 복지사 선생님과 수녀님들 (2008).

▲ 작은예수회 마을 '성가정의 집' 전경 (2008).

나는 '윤석인 예수다윗보나' 수녀라는 이름으로 윤석인 수녀를
소개하고 싶다.
윤석인이라는 이름으로 수행을 향해 가면서,
보나라는 착하고 꿈 많은 소녀가 수녀라는 타이틀에 도전하다보니
다윗과 같이 어질면서도 용감하며 사랑이 철철 넘쳐흐르는 의로움
자체로 생을 끝없는 도전의 여정으로 살아왔기에,
골리앗과 같은, 외적으로는 수녀가 될 수 없는 모든 악조건의 관문을
그림을 잘 그린다는 재능이 다윗의 돌팔매가 되어 통과하게 하였으며,
예수라는 이름으로 종신서원의 관문을 통과하게 되었다.

석인(錫仁)이라는 이름이 말해주듯
그 누구도 혼자서 스스로 어질다 할 수 없는 일이기에,
'함께 삶의 기쁨을!!!' 잘 나눌 수 있는 사람으로서 석인이
모퉁잇돌의 석인이 되는 과정은 심신수련을 통해 끝없이 자기를 깎고
다듬는 고행을 통과해야 되었던 것이다.

수도명으로 예수란 이름을 얻어 몸 바쳐 사니 예수님께서
비좁은 한국 땅을 넘어 일본으로, 미국으로, 이탈리아로, 바티칸으로
날아가게 하고, 교황 요한 바오로 2세로부터 안수받게 하시어
세상의 빛으로 살게 하신 것이다.

하느님은 누워 있는 윤석인이 좋아서,
석인이의 사랑을 받고 싶으셔서 예수란 이름으로 사람이 되셔서
석인이를 위해 십자가에 목숨을 바치셨고, 그 사랑을 믿는 석인이는 꼼짝 못하는
처지에서도 자신을 예수님 거라고 고백하니……

예수님은 박성구란 신부에게 영을 부으시어 동행케 하시며
하늘을 사는 그녀의 팔다리가 되게 하시고 심장이 되게 하셨다.
그녀는 온 세상 모든 고통받는, 가난하고 소외 된 장애인, 행려인,
노인들이 늘 만나고 있는 예수님을 대표하는 사람으로
성구를 만나고 있는 것이고,
성구는 그녀를 통해 가난하고 소외된 장애인, 행려인, 노인 등
모든 고통받은 사람들을 만나고 있는 것이다.
우리는 이러한 동행의 모습으로 늘 새롭게 예수님의 참 생명을,
보이지 않는 참 살아 있는 생기 넘치는 빛을 느리며,
날마다를 영원히 사는 것이다.

우리는, 장애인이든 비장애인이든
존재로서의 영원한 생명을 살기 위해서는 "ㄱ장 보잘 것 없는 고통받는

미소(微小)한 이에게 해준 것이 곧 나에게 해준 것이다"(마태 25:40)라고
말씀하신 예수님을 살아야 하며,
고통받는 이웃들과 진실하게 동행함으로써
참된 빛으로 살지 못한 자기 자신을 새롭게 하여
영원한 빛으로 싱그럽게 살아가게 되는 것이다.

석인이와 성구가, 성구와 석인이가 동행함으로써
생명의 빛을 누리며 살게 되었기에,
세상 모든 사람들에게 우리와 같은 동행으로
'함께 삶의 기쁨을!!! 누리십시오!!!!!' 라고 외치며
이 책을 펴내게 된 것이다.

작은예수수녀회 · 수도회 총원장신부

2001. 2. 26.
박 성 구

✚ **마음을 다하고 정성을 다하여**

집을 떠날 때
어린 시절 사진을 모두 버렸습니다.
작은예수수녀회가 창립되어 수녀로서 길로 들어서던 때에
이런 저런 글들을 다 없앴습니다.
스스로 머물다 가면 그뿐, 그 누구에게도 나의 삶의 흔적이 남겨지지 않기를,
추억되어지지 않기를 원했기에……

수도생활을 하며
사랑 그 자체여서 가장 아름다운 예수그리스도의 사랑으로
내 영혼이 물들어 가면 갈수록 내가 살고 있음이 사랑 덩어리임을,
사랑을 머금지 않고는 찰나의 순간도 살 수 없음을 깨우쳤습니다.
사랑의 빚을 참 많이도 진 사람입니다, 저는…….
언제 어떻게 어디서 누구에게 어찌 다 갚을 수 있을지 모를.

그래서 그냥 하루 한순간을 마음을 다하고 정성을 다하여 살았습니다.

따지지 말고 계산하지 말자.
사랑의 님께서 나에게 그러하셨으니 나도 다가오는 모든 일에서
그렇게 흉내라도 내어야지.
지극한 기도를 세상 모든 이의 이름으로 바쳤습니다.

만나는 모든 사람들에게 좋은 말로 덕담을 하고
나로서 할 수 있는 만큼은 그분들의 필요를 배려해 주는
방긋방긋 웃는 호박수녀가 되고자 했습니다.

어깨와 옆구리에 근육통이 생길 만큼 컴퓨터 자판을 두드려
서류를 작성하고 회계를 보며 일하는 기쁨 속에 잠기고,
버스통로 바닥에 누워서, 지하철을 타고서, 트럭을 타고서라도
어느 곳이든 가도록 기회가 되는 곳을 달려갔습니다.
그림 그리는 것이 무엇보다 좋아 그림 그리는 것에 취해서
온몸이 저리고 입에서 단내가 나도록 그리면서…….
그러다 보니 어느새 수녀로서 사랑의 님 앞에서
마지막 다짐인 종신서원을 하고, 원장수녀가 되고,
개인전을 열게 되었습니다.

저의 전시회 그림을 본 출판사로부터 책을 엮고 싶다는 제의를 받고
'아! 이제는 없는 듯이 살 수 없게 되어 버렸구나'
하는 상황인식에 당혹스러워 수녀회 성당 새벽미사 시간에
저의 첫 마음을 다시 기도 바쳤습니다.
그때, 이 모든 것이 사랑의 빚을 쬐끔이라도 갚을 수 있는 길을
열어 주시기 위해 님께서 배려하신 또 하나의 사랑임을 알았습니다.

 동행 기적을 그리는 호박수녀

그림에 서명하는 것조차 꺼려하던 제가 그렇게 해서 글을 썼습니다.

이제 다만,
아직 영글지 않은 그림과 어설픈 글로 엮은 책이지만
아수라장 속에서 선한 마음을 놓치지 않고자 하는 이들에게
사랑의 힘이 무엇을 해낼 수 있는지를 보여 드릴 수 있기만을
기도합니다.
보다 많은 이들이 이 책을 읽고 이야기를 나누어서
책의 인세로 전시회를 계속 이어갈 수 있게 되기를 소망합니다.
또 하나, 이 책을 보고 세상에서 고통받고 소외된 이들을 사랑하는
모든 분들이 작은 사랑 나눔의 힘을 합쳐 고아
어느 날엔가 장애인들을 위한 전문예술학교를 일으킬 수 있었으면
하고 기도합니다.

언제나 변함없이 모든 영광을 우리 예수님께, 그리고 박성구 신부님과
수녀회원들과 본가 가족들과 작은예수회원들께 돌립니다.
이 시간까지 함께 삶을 살아 온 모든 분들께
깊디깊은 감사를 드리며…….

2001년 2월 11일 루르드 성모축일
종신서원 2주년에 윤석인(보나) 수녀

윤석인 수녀님과 저는 서로를 친구라 합니다.

25년쯤을 알고 지냈으니 친구도 아주 오랜 친구이지요. 나이는 윤 수녀님이 열 살쯤 위여서 저는 예의를 갖추느라, 수녀님은 그런 저를 챙기느라 말은 서로 존대하지만 마음은 정겨운 벗입니다.

나는 윤 수녀님만큼 해사한 미소를 가진 사람을 본 적이 없습니다. 세월따라 이마에 생겨난 주름마저 아름다운 그녀입니다. 호호호, 까르르 웃는 웃음소리는 또 얼마나 청량한지.

외적 선입견으로만 본다면 그녀는 세상에서 가장 슬픈 사람일 수도 있습니다. 열두 살 소녀 적에 전신의 관절이 굳는 병을 얻어 평생을 누워 지내야 했으니까요.

창밖을 떠가는 구름만이 유일한 바깥 풍경이었을 그녀의 나날을 상상해 보세요. 육체적 고통을 넘는 상심과 번민이 어떠했겠는가를.

그런 삶을 가진 그녀에게서 나는 평화를 배웁니다. 그 맑고 고움은 말그대로 '극복한 자'의 모습입니다. 예수님을 볼 수 있다면 아마 그녀와 같은 선함이 아닐까 싶습니다.

윤 수녀님을 처음 만났던 때가 생각납니다. 군대에서 막 제대한 제가 천주교 봉사활동차 갔던 '사랑의 고리'라는 장애자 단체에서였습니다.

침대휠체어에 누운 별난 모습의 그녀가 대뜸 "그림 전시회 가고 싶은데

데려가 주지 않을래요?" 하는 것이었습니다.

초면에 남의 사정도 묻지 않고 무작정 발이 되어 달라니. 그런데 저는
그 자리에서 바로 그러자고 했습니다. 방긋방긋 웃는 천진스런 얼굴이 저를
넘어가게 했지요.

그날 이후 저는 틈틈이 침대휠체어를 밀며 덕수궁으로, 인사동으로,
과천미술관으로 그림 구경을 다녔습니다. 구경이 끝나면 같이 중국집에서
자장면을 먹고, 어떤 날은 포장마차에서 순대며 꼼장어를 놓고 수다를
떨었습니다. 그런 나들이를 아이처럼 좋아하던 모습이 지금도 눈에 선합니다.
휠체어 운전수 노릇은 몇 년 후 제가 직장 일로 바빠지며 다른 청년에게
넘겼지만 더리 윤 수녀님을 찾아가는 우정은 계속됐습니다.

오랫동안 윤 수녀님을 보아 오며 그녀에게 평화를 선물한 주체도 가늠하게 되
었습니다. 하나는 그림이며 또 하나는 기도라고 생각합니다. 물론 천성적인
선함을 물려주고, 학교를 다닐 수 없던 그녀를 집안교육으로 가르치고 사랑
으로 감싸주신 어머니(그야말로 한국적인 희생의)를 비롯한 가족의 헌신도
큰 버팀목이었을 거라 믿습니다.
그녀에게 그림은 세상과 대화하는 창입니다. 제대로 자라지 못해 열 살 아이
의 그것처럼 작디작은 손으로 그림을 그립니다. 누운 채 배 위에 이젤을 세운
불편한 자세로 그림을 그립니다.
지금의 세련되고 사랑 가득한 화법을 얻기까지 얼마나 인내하며 습작을 이어

갔을까요. 그녀가 그림을 그리는 모습 자체가 경이이며 하나의 풍경입니다.
그녀는 수차례의 전시회를 넘어 해외에서도 개인전을 가진, 장애인 화가라서
희소한 게 아니라 그림 그 자체로 울림을 전하는 화가입니다.
또한 윤 수녀님은 중증장애인으로 수녀가 된 한국 최초의 사람입니다.
절제된 삶과 혹독한 수련이 요구되는 수녀의 길을 그 불편한 몸으로
넘었습니다. 나아가 작은예수수녀회의 원장이 되어 자기와 같은 처지의
장애인들과 후배 수녀들을 이끕니다.
윤 수녀님은 '깡다구' 있게 일도 잘 벌입니다. 로마 바티칸 전시회를
성사시키고, 지금 몸 담고 있는 여성 중증장애인의 집 '성가정의 집'
(경기도 가평 소재)이 있기까지 보여준 행보—건축비 마련을 위해 관공서로
국회로 다니며 설득하고, 바자회와 그림 판매를 통해 모금과 관심을 이끌어
냈습니다—가 그런 예입니다.

삶에서 만난 수많은 인연에 감사하고, 그 감사를 다른 장애인들을 위한
나눔으로 실천하는 '동행'의 삶. 이 책은 그런 윤 수녀님의 살아온 이야기,
그림 그리는 마음, 장애인에 대한 가없는 사랑을 담은 아프고 감동적인
기록입니다. 그래서 책 이름이 '동행'입니다.
8년 전 처음 나왔던 책을 다시 손보고, 그 후의 이야기를 더하고, 새 그림을
넣었습니다. 그 결정체가 이번 개정판입니다. 윤 수녀님의 특별한 삶을
더 가깝게 느끼고, 특히 세상에 대한 용기를 잃은 사람들에게 극복의 의지를
안겨 줄 책이라고 생각합니다.

내용 중 '한계 지어진 몸이 느끼는 무한한 축복' 이라는 대목에 잠시 눈길이 멎습니다.

〈· 두 팔을 반 정도 펼 수 있고(머리가 가려울 때 긁을 수 있고 귀지를, 콧속을 청소할 수 있고……) · 다섯손가락을 건강한 기능의 반 정도 사용할 수 있고 (붓을 잡아 그림을 그리고 전화를 걸고 받을 수 있고……) · 옆으로 눕기, 엎드리기 5분을 할 수 있고(등에 잠깐씩이나마 바람을 쐴 수 있는 축복)〉 등 남들은 공기처럼 의식조차 못할 일들을 그녀는 축복이라며 감사해 합니다. 그런가 하면 바깥 활동중에 "커피도 마실 줄 아네" 하며 자신을 구경하던 사람들 얘기, 영화관에 갔을 때 안내인이 "다니기 힘든데 비디오 나오면 편히 보세요" 하던 배려 아닌 배려를 받았다는 얘기는 가슴을 아리게 합니다.

윤 수녀님은 말합니다. 장애인도 보통 사람들처럼 성취하고 싶은 것, 하고 싶은 것이 있는 다 같은 사람이니 특별대우도 차별도 말아 달라고. 이 책이 그런 뜻의 전파에 도움이 될 수 있기를 바랍니다.

놀라운 인간승리를 일궈낸 윤 수녀님의 삶에 존중을 표하며, 멋진 책을 낼 수 있게 해주신 데 편집자로서 고마움을 전합니다.

김래주 가라뫼출판사 대표

2009년 8월

차 례

제5장 동화가 된 수녀

제6장 이전에 없던 일들을 이루다
… 개정판에 더하는 이야기

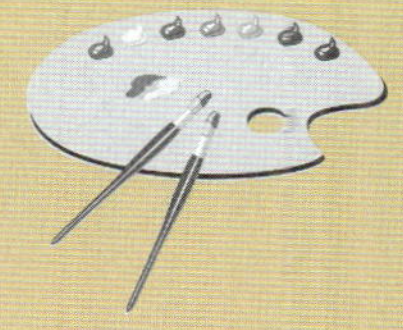

제1장 _ 그 뜰 안에서

저의 영혼은
이미 하느님의 뜰 안에 잠겨 있는
우주만물을 이끄시는 섭리에 대한
깊은 순응을 맛들이고 있었습니다.

여름아이 2 : 캔버스에 유채, 25×17.9, 1999년

엄청나게 많이 아파했답니다. 무지하게 많이 울었답니다.
모든 관절을 다 망가뜨리고 온몸을 뻣뻣하게 눕혀 버린 병도
더 이상 할 일이 없는지 관절통조차 오지 않는 지금의 나.
그 극렬한 고통의 시간을 씻은 듯 망각해 버렸지만 아프던 날의
날짜만은 기억하고 있습니다.
1961년 5월 21일 새벽을……

아프던 날

그날 아침 눈을 뜨자마자 온몸이 옥죄이며 화끈화끈, 뼈끈뼈끈,
우리말의 그 풍부한 형용사로도 무어라 표현할 수도 없는
극렬한 고통이 온몸을 헤집고 다니는 것에 정신이 나간 나는
집안이 떠나가라 아프다고 울부짖었습니다.

여느 날처럼 분주하게 출근 준비하시던 아버지와 등교 준비하던
오빠, 언니들의 놀람 속에 부랴부랴 어머니는 엉엉 울고 있는
막내딸을 끌어안고 택시에 태워 병원으로 달렸습니다.
손끝이 닿기만 하면 기겁을 하고 비명을 지르는 내 몸을
의사와 간호사들은 용케도 냉정하게 다루며 모든 검사를 마치고는
'류머티즘 관절염'이란 병명을 알려 주었습니다.
"어린이도 관절염을 앓나요?"
의아하기만 한 어머니의 허허로운 질문이 귓전을 스치는데,
처방을 해주고 급히 진통제 주사를 놓아 주시는 의사선생님 앞에 앉아서
그 혹독한 아픔이 없어진 것에 저는 평화로워졌습니다.

그날 밤 천근의 무게를 가슴에 안고 아버지와 어머니께서
무슨 의논을 했는지 나는 몰랐습니다.
그러나 그 후로 학교를 계속 안 가도 되게 되었고
낯선 하얀 가운과 진료실이 익숙해지도록 일주일에 두세 번씩 병원을
다녀야 했습니다.

초등학교 5학년, 학력이 거기에서 멈추게 될 병의 심각성을 모르는
어린 마음은 병원 다녀올 때마다 만난 것 사주시는 엄마가 좋기만 했습니다.
밤엔 아파하며 우는 소리에 가족들 잠을 설치게 하면서도
해가 뜨면 통증이 가라앉아 견딜 만해져
오전에는 동네친구와 놀고 오후에는 학교친구들과 놀았고…….

1년이 채 못된 그해 겨울.
온몸의 관절이 뻑뻑해져 일어나면 앉기가 거북하고,
앉으면 일어나기가 거북함 속에서
밖에 나가 친구들과 노는 날이 줄어들고 방안에서 혼자 노는 날이
많아지면서 다음해 초봄 무렵부터 한옥의 대문 옆에 붙은 화장실 가기조차
어려워졌습니다.
누워서 지내는 시간이 늘어갔고, 아픈 지 2년째 되는 해부터는 일어나
앉지도 못하고 온전히 누워 지내게 되었습니다.

엄청나게 많이 아파했답니다.
무지하게 많이 울었답니다.
모든 관절을 다 망가뜨리고 온몸을 뻣뻣하게 늪혀버린 병도 더 이상 할 일이
없는지 관절통조차 오지 않는 지금의 나.
그 극렬한 고통의 시간을 씻은 듯 망각해 버렸지만 아프던 날의 날짜만은
기억하고 있습니다.

1961년 5월 21일 새벽을…….

그날 이후 가족사진을 찍지 않은 우리 집.
여름이면 광나루, 뚝섬에 물놀이 가던 것도 멈추었습니다.

육신의 아팠던 순간들은 망각됐지만 누워 사는 장애인이 된 한 식구로 인해서
다른 가족들이 겪은 상실의 그늘과 아픔은 차마 망각할 수 없었습니다.

선천적으로 태어났든 후천적 재해에 의해서든
장애인이 긍정적으로 새로운 삶의 길을 개척하게 되냐
좌절과 절망의 늪 속으로 빠져 버리냐의 관건은 장애인이 되는 그 시점에서
곁에 있는 이들이 어떻게 대응하는가에 달려 있다고 확신합니다.
그것은 그 사랑을 제가 먼저 체험했기 때문입니다.
아프던 날 이후 하느님께서 제가 태어나 함께 살아가도록 섭리하신
우리 가족의 그 지극한 가족애를 되새길 때마다 저는 사랑의 빚을 참 많이도
진 사람이라는 것을 가슴 싸하게 느낍니다.
언제 어디서 누구에게로 어떻게 다 갚을 수 있을지 모를
사랑의 빚을……

비(飛)-침묵 : 캔버스에 유채, 60.6×45.5, 1990년
(한국장애인복지진흥회 주최 곰두리미술대전 입선작)

줄리앙 : 종이에 수채, 45.5×33.3, 1980년

남다른 고통과 비참함으로 칙칙하게 얼룩졌고,
남다른 성취와 영광에 찬란하게 물들여졌던 극에서 극으로 넘나들며
치열하게 살도록 창조되어진 내 한 생애.
헛되지 않을 보람 하나 이승에 열매 맺어 놓고 가는 것이리……

하늘과 꽃과 크레파스

사춘기를 누워서 지낸 한옥.
내가 누워 있는 자리에서 시선이 닿는 자그마한 창문으로 옆집 추녀 끝에
반 이상 가려진 손바닥만한 하늘 색깔이 눈부시도록 파랬습니다.
아직 TV도 없던 1963년.
넓게 펼쳐진 하늘과 두둥실 떠다니는 흰 구름을 한 번 더 볼 수나 있을까…….
슬며시 눈물이 젖어드는 눈을 감고 잠들면 꿈결 속에서 끝이 안 보이는
하늘을 머리에 이고, 들꽃이 만발한 넓은 둘밭에 앉아서 열두 색의
크레파스로 그림을 그리고 있는 내가 보였습니다.
초등학교 시절에 미술성적이 좋았던 적도 없는데 그림 그리는 사람이 될
미래를 살짝 엿보인 것이던가.
하늘과 꽃과 크레파스만 있다면 너무도 기쁠 것 같다는 아련한 느낌 속에
눈을 뜨면 어둑한 방 창문에 손바닥만한 하늘만이 눈앞에…….

10여 년이 지나 어린 조카들이 태어날 무렵,
손에 들어온 몽당 색연필.
더도 덜도 아니고 어린이의 다섯 손가락 정도 크기의 빨강, 노랑, 초록, 파랑,
갈색의 다섯 자루의 몽당 색연필.
그것으로 간단한 만화와 삽화를 그리고 색을 입히니 의외로 그 다섯 가지의
색깔은 서로 섞이면서 곱디고운 파스텔조 효과를 내며 어우러졌습니다.
가만히 편안하게 있지 못하고 항상 무언가 꿈지럭거리며 하려는 기질인 나는
조카들이 커감에 따라 이런저런 그림들을 그려주기 시작했습니다.

어느새 열두 색 색연필이, 수채물감들이 곁에 수북해져 가고
틈만 나면 뭔가 끄적끄적 그리고 있는 모습에 가족들은 그림을 정식으로
배워보자고 말했지만, 설마 내가 그림을 그리는 사람이 되리라고는 생각지
않았습니다.

가족들의 의논 끝에 큰올케언니가 동네화실에 가서 내 몸 상태를 솔직하게
얘기하고 교섭하여 미대학생이 일주일에 두 번 집으로 와서 개인교습을
하게 되었습니다.
조그만 공책 크기의 그림만 그리다가 4절 켄트지를 앞에 펼쳤을 때의
그 생생한 두려움이란!
누워 있는 자세에서 화판을 세울 방법이 막연했지만 소파에 누워서
소파 틈새에 베니어판을 꽂고 그 위로 스케치북을 걸치고 그렇게 시작한
석고 데생.
아그리파 각면상과 곡면상을, 줄리앙 각면상과 곡면상을 그리고 그리고
또 그렸습니다.
반년이 지나 갈 무렵부터 수채화를 시작하면서 또 줄리앙을 그리고,
1년도 훨씬 넘어서야 시작한 유화로 또 줄리앙을 그렸습니다.
방안에서 소재를 찾기가 쉽지 않았기 때문에 형과 면과 선에 대한 집중적인
습작들은 나를 그림 그리는 사람으로 서게 하는 확실한 기초적인 손 단련법이
되었으니, 악을 통해서도 선을 이끌어 내시는 하느님께 찬미를 드립니다.

'하늘과 꽃과 크레파스만 있다면……'
막연했던 어릴 때의 꿈이 현실이 된 지금 그림을 그리고 있을 때가 가장
기쁩니다.
어떤 다른 일을 하고 있으면 그 일은 내가 아니더라도 누군가가 할 수
있는 건데 하고 생각되지만, 그림을 그리고 있을 때는 내 할 일을 하고 있다는

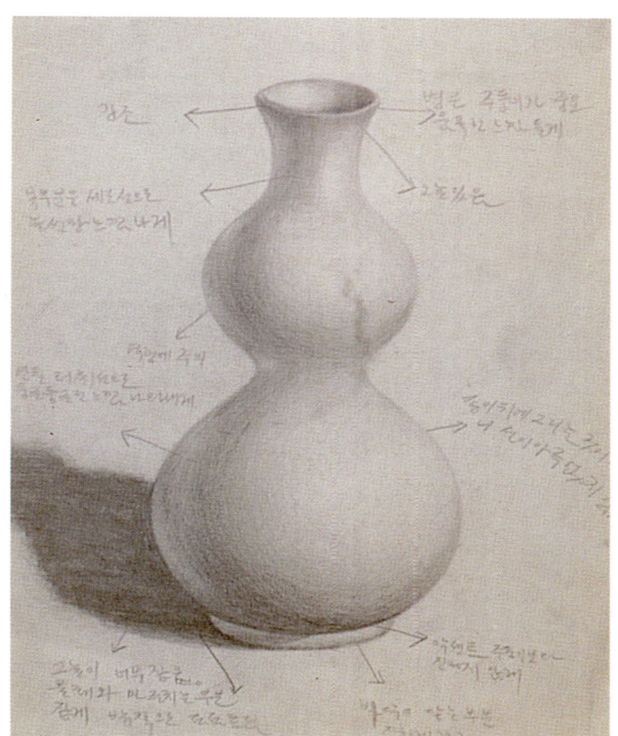

호로병 : 종이에 연필, 25.8×17.9, 1980년

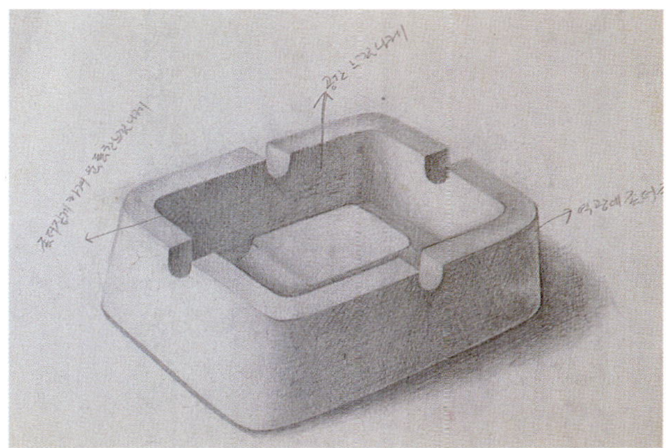

재떨이 : 종이에 연필, 17.9×25.8, 1980년

충만감이 내 영혼과 육신을 싱그러운 생명력으로 가득 채워줍니다.

내 망가진 육신이 죽음을 통과해서 내 영혼이 하느님 품안으로 들어 간 후
모든 이들 기억 속에서 사람의 종교적인 심성을 참 잘 표현해 낸
수녀화가였다고 일컬어질 수 있다면!
남다른 고통과 비참함으로 칙칙하게 얼룩졌고, 남다른 성취와 영광에
찬란하게 물들여졌던 극에서 극으로 넘나들며 치열하게 살도록 창조되어진
내 한 생애.
헛되지 않을 보람 하나 이승에 열매 맺어 놓고 가는 것이리…….

울 엄마

장애인 모임에서 즐거운 여흥시간을 가졌을 때였습니다.
어머니와 같이 참석한 어느 장애인이 모처럼의 기쁜 시간으로 환하게 웃는
그 얼굴 옆에 웃음 속에서조차 수심이 가득해 보이는 어머니의 얼굴이
보였습니다.
순간 알았습니다.
장애인 당사자는 자신의 모든 것을 받아들이고 기쁨을 되찾을 수 있지만
자녀가 장애인이 되어 사회의 배척과 사람들의 모멸감 섞인 찌푸린 눈길을
받으며 살아가는 모습을 지켜 봐야하는 어머니는, 가슴에 못이 박혀 다시는
그전처럼 티없이 웃을 수 없게 된다는 것을…….

'울 엄마한테서 전화 왔었는데…….'
나이 오십이 넘어서도 이런 표현을 쓰는 것 때문에 수녀들한테 놀림을 받아도
앞으로도 이 표현을 버리지 않을 것입니다.
울 엄마 역시 누워서 사는 장애인 딸 때문에 슬픔의 못이 가슴에 박혀
그 아픔을 어떤 기쁨으로도 씻어낼 수 없는 평생을 보내신다는 것을 압니다.
아무리 그림을 잘 그려 대성황리에 전시회를 개최하는 모습을 보여도,
수녀가 되고 원장이 되어 남들에게 칭송의 말을 듣는 모습을 보여도,
장애인으로 잘 살아낸 한국 대표로 여기저기 해외여행까지 다니는 모습을
보여도, 딸이 장애인으로 살아가는 그 비참한 운명이 핏줄로 느껴져 오는
한(恨)을 결코 풀어 드리지 못한다는 것을 압니다.

울 엄마 : 캔버스에 유채, 53.0×45.5, 1982년

매일 밤늦도록 저는 꽃을 만들고
어머니는 손뜨개질을 하시며 나누었던 그 많은 이야기들이
무엇이었는지 내용은 하나도 생각나지 않아도
그 시간들의 앙금들이 저의 품성 안에서 누룩이 되었습니다.

장애인 딸이 서른여섯 살에 어미 품을 떠나 쉰두 살이 되었습니다.
사회적으로 성공한 장애인으로 손꼽히게 되었건만 지금도 잠 못 드는 밤에
막내 딸 생각이 나면 가슴이 철렁 내려앉고 눈물이 나온다는 울엄마라는
것을 압니다.
지금은 장애인복지에 대해 인식도 개선되고 모두가 국가의 문제로 공감하는
얘기들을 하고 있지만, 60~70년대만 해도 경제개발, 도시 빈민, 농촌 이농
현상 등에 관심이 집중되어 있어, 장애인 문제는 아예 아무도 눈길을 주지
않았습니다.
오로지 장애인의 가족들이 책임져야 할 개인문제일 뿐이었을 때
꼼짝도 못하고 방안에만 누워 있는 딸의 미래가 절벽 같은 어둠임을 보며
'차라리 내가 아플 것을, 나 죽을 때 같이 죽어야 할 텐데……'
땅이 내려앉게 탄식의 숨을 토하시던 울 엄마.

오빠, 언니들이 결혼을 하고 아버지가 은행에서 은퇴하신 후이던 어느 날,
조심조심 입을 열어 말씀드렸습니다.
"나도 무언가 할 일이 있어야 할 것 같아요."
딸의 이 한 마디를 가슴 깊이 들으신 엄마는
"누워서 할 수 있는 것이 뭐 있겠느냐" 하시면서도
누운 장애인을 어찌 이동해야 할지 모르던 당시(국산 휠체어조차 만들지
못하던 때였습니다) 다섯 남매를 돌보는 와중에서도 플라워디자인 학원에
직접 다니며 꽃 만드는 방법을 배워 와 제게 가르치고,
또 빵꽃공예를 배워 와 저를 가르치셨습니다.

6.25전쟁 후 학교들이 제자리를 잡기 전 초등학생이던 큰아들의 교과서를
구할 수 없었을 때 교과서를 가지고 있는 학생에게서 밤에만 책을 빌려 몇 날
며칠 밤을 새워 갱지에 글을 쓰고,

서투른 삽화까지 그려서 굵은 이불실로 책을 엮어 아들의 공부가 뒤지지 않게
하신 울 엄마이십니다.
번갯불이 번쩍 비추는 순간 바늘귀에 실을 꿰면 소원이 성취된다는 속설에
아버지의 승진을 위해 진짜 그렇게 하셨던 참으로 지극한 정성을 가진 분이
울 엄마이십니다.

매일 밤늦도록 저는 꽃을 만들고 어머니는 손뜨개질을 하시며 나누었던
그 많은 이야기들이 무엇이었는지 내용은 하나도 생각나지 않아도
그 시간들의 앙금들이 저의 품성 안에서 누룩이 되었습니다.
우리 어머니 세대 여인들을 얽매고 있던 관습들을 타파하고 생활 속에서
개혁과 평등정신을 길들이신 지혜들이 지금 저의 수도생활 속에서
권위주의적이지 않은 원장으로 매사를 처리하도록 하는 모성애의
모범이셨음을 아시나요?

어머니는 노인 밥상 따로, 남정네 밥상 따로,
여인들과 딸들은 방바닥에 그릇을 놓거나 부엌에서 밥을 먹던 당시의
식습관을 과감히 타파하셨습니다.
사용 안 할 때는 접어서 보관할 수 있도록 한 커다랗고 둥근 식탁을 만들어
할머니, 아버지, 아들, 딸, 궁핍했던 당시 각 가정마다 있었던 식모소녀까지
함께 모여 원탁의 식사를 했던 어린 시절을 기억합니다.

어머니는, 이제는 남자들도 살림을 할 줄 알아야 한다시며
아들도 음식을 만들 줄 알고 재봉틀도 사용할 수도 있게끔 키우셨습니다.
며느리가 셋이어도 명절이나 제삿날엔 먼저 부엌에서 음식 장만을
시작하시고, 아들과 며느리가 뭔가 다툰 듯한 기색이 보이면
"내 아들은 안 그런데 니 남편은 왜 그러냐?"

 동행 기적을 그리는 호박수녀

먼저 아들 흉을 보시며 며느리 마음을 눅여 주셨습니다.
캐리어우먼인 큰며느리의 사회생활의 가장 강력한 후견인이 되어 손주 둘을
대학 입학 때까지 도맡으셨습니다.

일제시대에 여상을 나오시고 총독부에 직원으로 근무하신 어머니는
조선왕조가 몰락할 때 만석꾼 가세가 몰락한 시가에서, 청백리 남편
그늘 뒤에서 오 남매를 키우신 갸륵한 헌신으로 하느님만이 아시는 숨겨진
보화로 가득 찬 한평생을 보내셨습니다.
또, 척박한 격동의 시대에 가사를 책임지고 섬섬옥수 손길이 나무등걸처럼
되도록 사는 것만도 부족해서 불치의 병에 걸려 1년 열두 달 방안에 누워 사는
막내딸을 품어야 하는 비수가 가슴에 꽂혀 버렸음에도 주어진 상황에 굴하지
않고 적극적으로 최선을 이끌어 내어 보람차게 삶을 영위하시는 의연한
자태를 잃지 않으셨습니다.

칠순이 넘어서도 문화센터에 다니며 청춘시절의 꿈을 되살려 수필과 시를
배워 격려의 시를 써서 저에게 보내주시며,
병으로 해서, 세상에서 밀쳐짐으로 해서 아프디 아픈 딸에게 사랑의 믿음을
북돋아 주셨습니다.

끝까지 포기하지 않았구나

                안재순

있는 힘을 다해서
그래그래

그렇게 최선을 다해
꼴찌로 되었지만
네 모습이 정말 장해
우르르 화들짝 모두들 피었을 땐
한 송이 한 송이 그 모습이 보이지 않았는데
파란 잎새 사이로 자랑하지도 뽐내지도 않은
작은 꽃송이로 피어 있는
네 모습 예쁘구나
꼴찌에게도 갈채를 보낼 수 있단다
최선을 다 했으니까
포기하지 않았으니까

-1999년 《용산문학》(제4호)에 실린 어머니의 글

어머니! 아니 엄마!
아직도 엄마라고 불러야만 마음이 좋은 막내딸은,
이 시를 눈에 띄는 벽에 붙여 놓고 보며 향나무 묵주를 들고 기도할 때마다
모든 어머니들에게서 풍겨 나오는 모성의 향기는 그 존재성 안에
성모마리아와도 같은 거룩함이 깃들어 있어서임을 마음 깊이 새깁니다.
수녀회 안에서 큰언니 몫을 어찌 해야 하는지를 확고한 신념이 되게 보여준
울 엄마가 가신 길을 따르며 모성이, 여성성이 세상을 구원하는 길임을
마음 깊이 새깁니다.

성모자 : 종이에 파스텔, 33.3×24.2, 2001년

아버지 : 캔버스에 유채, 53.0×45.5, 1982년

아버지!
아버지께서 보여 주신 표양이 수녀원에서 행정부서를 맡았을 때
업무수행의 기준이 되어 주었음을 아시나요?

바퀴 달린 나무침대

어느 초여름 베란다에서 우당탕탕 하는 소리가 들려왔습니다.
은행을 평생의 업으로 살아오시어 손쓰는 일은 방안 전구도 갈아 끼워보지
않으신 아버지께서 무엇을 만드시나?
한참만에 우르르 덜커덩 소리가 나며 무언가를 방으로 밀고 들어오셨는데
내 몸길이와 넓이에 딱 맞게 높이도 좌식 생활에 알맞게 짠,
작은 바퀴를 여섯 군데나 달아서 내 몸무게를 감당하고 굴러 갈 수 있도록
한 나무침대였습니다.
은행에서 정년퇴직 하신 후 장애인 딸의 하루하루를 처음으로 지켜보게 되신
아버지는 "거실에 나와 바람도 쐬고 바깥에 핀 꽃도 보고 해야지" 하며
줄자로 내 몸길이를 잰 후 목재상에 가서 나무판과 각목을 사다가
바퀴 달린 나무침대를 손수 만드신 것입니다.

그 후부터는 그 침대에 누워 지내고 하루에 한번 거실로 나들이를 했습니다.
넓은 하늘과 꽃과 크레파스만 있다면 하고 꿈꾸었었는데 그중 둘이나 이루어
지다니.
그 즈음 한옥에서 아파트로 이사해서 살고 있었기에 거실에서 보이는 하늘은
너무도 넓어 뭉게구름과 노을지는 저녁햇살을 다시 볼 수 있었습니다.
어머니의 꽃 가꾸는 솜씨는 온 아파트 사람들이 ス문을 구하러 올 정도여서
베란다의 기암괴석 모양의 수석 사이로 울긋불긋 만발한 화초를 볼 수도 있었
습니다.

아버지!
아버지께서 보여 주신 표양이 수녀원에서 행정부서를 맡았을 때 업무수행의
기준이 되어 주었음을 아시나요?

아버지는 일제강점시기에 청년기를 지내면서 자식을 낳아도 식민지 백성이
될 뿐인 것을 너무도 괴로워하셨습니다.
일가에서 인정하는 효심을 지녔던 마음으로 집안의 종손으로서의 책임감에
매여 독립운동에 뛰어 들지 못했던 여한을 되씹으시고,
지금 고려대학교의 전신인 보성전문학교 법대를 다니면서 의분을
분출하였던 아버지! 럭비선수 시절의 흔적 때문에 정강이뼈가 울툭불툭,
귓불은 쭈그렁밤탱이였지만, 어린 소녀 땐 그 모습이 너무도 경이롭기만
했습니다.

아버지는 당시 돈 잘 번다는 선망의 금융조합에서 근무하면서도 박봉의
월급 외엔 어떠한 부수입도 안 가져오셨습니다.
양식이 모자라 어머니가 쑥을 뜯어 쌀에 섞어 끓인 된죽은
시할머니, 시어머니, 자식들 주고, 어머니는 그냥 쑥물만 들이키며
일제 말기를 넘겨야 했다는 집안의 전설을 남기신 청백리 아버지.

불시에 닥친 광복으로 일본인 간부들이 황망히 도망친 후 아버지는
부당하게 농토를 저당잡혀 빼앗길 위기에 있던 농민들을 일일이 찾아다니며
모두 되돌려 받을 수 있도록 해주느라 한 달여 집에 못 들어오시고,
일본인들이 살던 집들의 무상분배도 거부하신 강직함도 지닌 분이셨습니다.
6.25전쟁이 발발하자 가족들을 선산이 있는 고향으로 피신시키고
마지막까지 직장을 지키다가 인민군에게 잡혀서 악질금융조합원으로
총살형에 처해질 위기를 맞기도 했던 아버지.

광복 후 땅을 되돌려 받은 농민 중 한 사람이 마침 그 인민군부대에 속해
있어서 밤중에 몰래 도망시켜주어 다행히 목숨을 부지하셨는데,
또 국군이 수복한 후엔 어떻게 죽지 않고 살아남았느냐고 잡혔다가
평소의 삶을 아는 주위 여러 인사들의 구명운동으로 몇 개월 후 풀려나기도
하셨습니다.

휴전 후 궁핍한 경제상황 속에서도 봉급 이외에 부수입은 여전히 전무했던
강직함을 그때도 보이셨습니다.
금융조합이 농업은행이 되고 농협이 되기까지 다른 시중은행들이 속속
개설되며 스카우트 열풍이 일어도 처음 선택한 직장에서 한 우물을 파야
한다고 자리를 지킨 아버지.
월급 몇 푼 더 받자고 전직할 수 없다는 초지일관 직업관으로 지내셨으며,
정년퇴직 할 때 시중은행 중에서 가장 적은 퇴직금을 받고도 불만스런
내색조차 하지 않으신 당신이셨습니다.

한 남자로서 인생의 갖가지 풍상을 겪으며 대응해 가는 그 묵직한 처세야말로
우리 5남매에게 참된 삶의 길을 보여 주신 것이었으니,
경제개발로 산업화되고 정보사회화 되어 가는, 숨 막히게 변화무쌍한 시대를
살고 있는 자녀들이 사회조류에 휘둘림 없이 꿋꿋이 자신의 생을 택해갈 수
있는 확고한 기준점이 되어 주셨습니다.
소돔과 고모라의 멸망을 면하기 위해 필요했던 의인 열 사람의 몫의 삶이
이랬겠구나 싶은 표양을 보여 주신 아버지.

수녀원에 와서도 사용했던, 손수 만드신 나무침대가 삭아 부서지도록 세월이
흘러 지금은 목공 전문인이 새로 만든 말쑥한 나무침대를 사용합니다.
그러나 은행에서 퇴직한 후에도 장애인 닥내딸의 그림재료를 도맡아

바라봄 1 : 캔버스에 유채, 41.0×31.8, 1999년

사다 주시고 전람회를 순례하며 도록을 수집해 주신 아버지.
도록들로 가득 찬 책꽂이를 바라보노라니 이제는 다시 뵐 수 없는 나라로
가신, 잔정을 보여준 적이 없으셨던 굵직하고 전통적인 부친의 정이
새삼스레 뜨겁게 온몸을 감싸 안는 느낌으로 다가옵니다.

그 뜰 안에서

1800년대 말.

충청도 서천의 만석꾼 양반이었던 시가의 18세 꽃다운 새댁이었던 할머니는
동학란을 피해 군산으로 일가가 이동하였을 때 친정과 고향을 떠나던 날의
기억을 서럽게 간직하고 계셨습니다.
도시에 처음으로 전깃불이 들어오는 큰 구경거리가 생긴 날에도 층층시하
큰살림 도맡아 하느라 혼자 집을 지켜야만 했던 때의 답답했던 심정을
되뇌시던 할머니.

아녀자는 언문만 깨치면 된다는 친정아버님의 교육관에 학문이 변변하지
않았던 때문인지 개화기에 신교육을 받은 신식 서방님은 밖으로만 나가려
했답니다.
그리고 지엄했던 시부모님 아래에서 서방님과 손꼽을 만큼 몇 밤을 함께하고
품에 안게 되었던 1남2녀. 그나마 금지옥엽 같던 딸아이 하나는 세 살 되던
해에 알 수 없는 병으로 놓치고, 하나 있던 아들이 아직 혼인도 맺기 전에
젊은 품에서 서방님 먼저 떠나보내야 했던 할머니.
뿐만 아니라 할머니는 당신 배 아파 낳지 않은 자손 열 명까지 소리 없이
거두어 키워야 했다고 합니다. 타는 가슴 풀 길 없어 치밀어 오르는
통곡을 속으로 삭히느라 목에서 피를 토해야만 했던 구한말 여인의 길을
걸으신 할머니.

조선왕조가 문을 닫고 일본제국주의 강점 시기의 태평양전쟁, 6.25 동란,

할머니 : 캔버스에 유채, 41.0×31.8, 1999년

'지 팔자 지 맴이 가르친다.'
깊고 깊은 곳에서 울리는 마음의 소리 따라 지금의 모습이 되기까지
한마음으로 걸어 온 제게 이 말씀은 할머니께서 남긴 잠언이었습니다.

4.19 혁명, 5.16 쿠데타.
할머니는 근대사의 가장 혹독한 시대 속어 한 평생을 살아야 했기에
돌아가시기 전까지 다시 전쟁을 보지 않기만을 소원하셨습니다.
60년대 초, 소련의 권력자 흐루시초프가 쿠바에 미사일을 배치하겠다고 하고
미국의 케네디 대통령이 실력행사로 대응하겠다는 기자회견을 하는 뉴스가
연일 시끄럽던 냉전시대에 "또 전쟁이 나는 거냐"고 매일 손주들에게
물으시며 불안해하셨던 할머니.
그런 할머니는 제가 18살 되던 해에 원하시던 대로 더 이상 전쟁을 안 보시고
한 많은 여자의 일생을 마감하셨습니다.

쉰이 넘으신 아버지께서 "난 이제 고아가 된 거야" 하시며 눈물을
비치시던 날. 말년에 말벗 삼으시며 돌봐즈시던 할머니 방안에 누워 살던
장애인 손녀는 안으로 안으로 설움을 삭이며 84세까지 장편소설과도 같고
대하 연속극과도 같이 살아오셨던 삶에서 우러나온 지혜를 담은
할머니의 말씀 한마디를 마음에 새겼습니다.

'지 팔자 지 맴이 가르친다.'

할머니는 소박한 믿음을 지닌 분이셨습니다.
보통의 한국인이면 누구나 지니고 있는 그런 믿음을.
'사람은 사람다운 도리를 지키며 살아야 하느니라.'
'재주 믿고 잔꾀 부리는 짓거리는 하늘이 지켜본다.'
'법 없이도 살 수 있는 사람이 진국인 거여.'
'내 자손 잘 되기 바라고 키우는 사람이 넘헌테 몹쓸 짓 하는 거 아녀.'
'게을러서 밥을 태우나 성급해서 밥을 설익히나 똑 같은 거여, 그저 언제나
알맞춰혀야제.'

'사람 사는 건 꼭 미련이 먼저 나오고 슬기가 나중 나오는구먼.'

'익명의 그리스도인' 이라는 신학적 개념을 빌지 않더라도 소박한 생을
살아가는 평균적인 민중들의 마음속에서 사람살이의 근본이라고 믿고 있는
그 믿음은 참으로 하느님께서 모든 사람 안에 심어 놓은 양심의 소리
그 자체라고 생각합니다.
그 마음의 소리를 따라 사는 이들, 예수님께서 2000년 전에 곁에 불러 모았던
고통받고 소외된 민중들과 사회구조적인 악으로 관습적인 죄 속에서 괴로워
하는 선량한 백성들이야말로 하늘의 뜻을 따르는 하느님께 속한 믿음을 사는
사람들인 것입니다.

아픈 날 이후 할머니 방에서 함께 지냈던 나날,
학교도 다니지 않고, 바깥에 나가지도 못한 덕분에 다른 손주들은 듣지 못한
할머니의 질박하고 신실한 삶의 이야기 속에서 저의 영혼은 이미 하느님의
뜰 안에 잠겨 있는 우주만물을 이끄시는 섭리에 대한 깊은 순응을 맛들이고
있었습니다.
'지 팔자 지 맴이 가르친다.'
깊고 깊은 곳에서 울리는 마음의 소리 따라 지금의 모습이 되기까지
한마음으로 걸어 온 제게 이 말씀은 할머니께서 남긴 잠언이었습니다.

굴비와 고추 : 종이에 수채, 45.5×33.3, 1980년

자화상(구성) : 캔버스에 유채, 53.0×45.5, 1983년

몸에 장애가 있어도 모두들 사회 안에서 무언가 자신의 일을 갖고
가정을 꾸미며 한 인간으로서의 성취를 이루며 살고 싶어 하는 것을 알기에,
내가 느끼는 이 갈망이 어떤 것인지 도무지 알 수가 없었습니다.

19년만의 외출

1982년 어느 날 신문을 읽다가 여성장애인들이 모여 사는 '사랑의 고리' 라는
곳이 있다는 것을 알고 어머니께 가보고 싶다고 말씀드렸습니다.
놀라신 어머니께서는 "누워서 어떻게 나간다고…… 내 먼저 가보고 오마"
하셨습니다.
어머니께서 다녀와서 오빠, 언니와 의논들 하신 후 19년만의 외출을 하게
된 날, 큰오빠, 작은오빠, 동생네가 다 모여서 막내 누이의 19년만의 외출을
지켰습니다.
평소 남의 손이 닿기만 해도 아파하던 몸을 어떻게 다루어야 할지 온 가족이
의견을 모았습니다.
클레오파트라가 카이사르를 만날 때처럼 얇은 이불을 몸에 두르고,
큰오빠는 어깨 쪽을, 작은오빠는 허리 쪽을, 남동생은 다리 쪽을 그렇게
셋이서 함께 들어 안아 올려서 엘리베이터를 타고 내려와 차 뒷좌석에
눕혔습니다.
몸이 허공으로 띄워 올려지며 현기증이 일었고 속이 메슥거렸지만
입술을 꼬옥 깨물고 내색을 안 했던 것은 오빠와 동생들이 더 긴장하고
있는 것을 알았기 때문입니다.

집이 있던 둔촌동에서 모임 장소인 마포까지 한 시간도 더 걸려
도착하니 남다른 방문에 모두들 나와 맞아주었습니다.
거실 한쪽에 방석을 깔고 누워 둘러보니 약 사오십 명의 사람들이 모여 있었
습니다. 내 몸은 장애였지만 내가 바라보던 가족이나 친지는 신체 건강한

사람들이었기에 그렇게 많은 각각 다른 모습의 장애인을 처음 보았던 기억이
새롭습니다.
생전 처음 보는 파란 눈의 외국신부님이 미사를 집전하셨는데,
그 윤루가 신부님을 18년이 지나서 로마에서 만나게 될 줄이야 꿈엔들 알았겠
습니까.

미사를 마치고 다 함께 식사를 한 후 나눔 시간이 이어졌는데 집 밖에서의
식사 역시 19년 만이라 노력해도 먹히지가 않아 몇 술 뜨지 못 했습니다.
나눔의 시간에는 속을 터놓고 서로의 이야기를 하며 마음의 치유도 받고 친밀
함을 나누었습니다.
그 동안 어머니가 옆에 계속 같이 계셨어도 오빠들이 다시 데리러 오는데
별 일 없겠지 하는 쓸데없는 걱정을 떨쳐 버릴 수가 없었던 그날.
다시 집으로 돌아와 바퀴 달린 침대 위에 눕자 언니들이 준비해 놓은 저녁도
먹는 둥 마는 둥 곧바로 잠이 들어 며칠을 쉬어야만 했습니다.

달항아리와 반닫이 : 캔버스에 유채,
53.0×45.5, 1983년

그 후 매월 한 번씩 모임에 나가고, 특별한 행사 때게 또 나가고,
성당에 청년봉사단체가 있다는 것을 알게 되고는 기술관으로 인사동으로
겁도 없이 나가는 일이 많아지니 오빠는 천막 천으로 들것을 만들어
주었습니다.
동생은, 침대휠체어가 없던 그 시절에 여름용 그물의자에 바퀴를 달아서
나의 기동성을 높여 주었고, 올케언니는 예쁘게 꾸며도 보라며 백화점에서
블라우스를 사다주고, 형부와 언니는 다녀갈 때마다 용돈을 주는 등 그렇게
저의 나들이는 온 집안의 행사가 되었습니다.

모임에 갈 때마다 미사와 기도가 너무 너무 좋았습니다.
참 많기도 한 장애인들이 제각각의 문제 속에서 고통앓이를 하고 있는
이야기들을 서로 나누는 모습들이 애련했습니다.
어떻게든 상황들을 하나씩 하나씩 개선해 나가 서로 힘이 되어 주며 살아가는
세상을 만들기 위해 노력하는 모습들이 너무 좋아 보였습니다.
나도 그러한 공동체적 삶을 위해 기도하고 다른 장애인들의 문제에 동참하는
삶이 너무도 살고 싶어졌습니다.
그러나 그곳은 경중의 여성장애인들만이 네다섯 명씩 모여 소공동체를
이루고 일주일씩 돌아가며 식사 당번과 외부활동 당번을 맡는 자립적인 생
활방법을 채택하고 있었기에, 나처럼 전적으로 도우미가 있어야 하는 경우는
입회가 불가능했습니다.

가족들에게 그러한 이야기를 하니 어머니는 쓰린 마음을 감추시며
"내가 아직 건강하니 벌써부터 그런 생각 말아라" 위로해 주시고,
큰올케언니는 "그림을 잘 그려 인정받게 되면 친구장애인들과 힘을 모아
아파트를 하나 얻어 지낼 수도 있고, 아가씨가 직접 공동체를 개설할 수도
있는 역량이 충분한데 너무 서두르지 마세요" 라며 자신감을

심어주었습니다.

오빠들이 올케언니들과 결혼할 때 나를 먼저 만나게 하며
평생 책임지고 돌봐야 하는 동생이 있음을, 나를 받아들일 수 있어야 함을
얘기했고, 언니들도 큰 문제 삼지 않고 결혼을 했는데,
그렇게 혼인이 이루어지는 일이 장애인이 있는 가정에서 얼마나 드문 일인지
나눔의 시간에 다른 장애인들의 하소연을 듣고 알았습니다.
부모님 또한 그토록 지극하게 보살펴 주는 예가 흔치 않음도 알았습니다.
그같이 좋은 환경인데 왜 장애인공동체를 찾는지 의아해 하는 장애인
친구들의 말을 들으면서도, 어쩌면 그리도 기도하는 공동체에서
살고 싶었는지 아마도 부모가 반대하는 결혼을 하는 젊은이들이 이런 맘일까
싶도록 목이 타게 간절히 기도하며, 살고 싶은 갈망이 내 영혼을 사로잡고
있었습니다.

대다수 장애인들이 몸에 장애가 있어도 모두들 사회 안에서 무언가 자신의
일을 갖고 가정을 꾸미며 한 인간으로서의 성취를 이루며 살고 싶어 하는
것을 알기에, 내가 느끼는 이 갈망이 어떤 것인지 도무지 알 수가 없었습니다.
도대체 세상의 어떤 것에서도 가치를 느낄 수 없었고,
매일 미사와 기도 속에 모든 것을 봉헌하는 것만이 살아볼 만한 참 삶의
길이라는 내적 갈구가, 은혜를 모르는 주제넘은 짓인지 '사랑의 고리' 지도
신부님이신 예수회의 박문수 신부님께 고백성사하며 상담했습니다.
신부님은 가고자 하는 곳이 지금 처한 상황보다 세상의 기준으로는 못한
곳이어도 뛰어들 수 있을 때 바로 참된 성소인 것이라고 식별해 주셨습니다.
"보나가 지금 예수님의 부르심을 듣고 있는 것이 확실하다."
신부님의 그 말씀에 확신을 얻고 마음의 기쁨을 다시 찾았고,
그 후 박문수 신부님은 내가 종신서원을 할 때까지 영적 여정을 지켜봐
주셨습니다.

아직 영적으로 미숙하여 작은예수수녀회 창립이 태동되는 격변하는 상황에
혼란스러워할 때마다 창립자이신 박성구 신부님의 모든 영적 지도를
잘 따르고, 또 수도회 창립자의 강열한 카리스마와 성령의 역동하는 움직임에
순명하도록 길을 바로잡아 주며 함께 해주셨습니다.

그 후 야유회나 놀이를 갈 때면 내 몫의 회비를 책임자에게 주어 나 대신
가정환경이 더 어려운 장애인이 갈 수 있도록 해주고,
그들에게는 공동체 기금으로 같이 가는 것으로 말해 달라고 하면서
나의 외출 목표는 오로지 기도하며 한 생을 살아갈 수 있는 공동체를 찾는
것에 맞추어졌습니다.

빛을 향하여 - 조가비 : 캔버스에 유채, 45.5×38.0, 1994년

……어둠의 골방 속으로 한 줄기 찬란한 햇살이 비껴 들어오고,
그 빛은 골방 안을 가득 밝히면서 세상 밖으로 쏟아져 내리는
은총을 예비하고 있었습니다.

햇살이 비껴든 방안

하루 중에서 내가 가장 좋아하는 때는 아침 10시경.
남향으로 난 창호지 문을 통해 아침 햇살이 환하게 비쳐들며 찬란하면서도
아늑하고 따스한 느낌의 빛이 온 방안을 가득 채우는 시간입니다.
그 시간에는 방안 공기까지 빛에 잠겨든 듯하고 창호지 문 틈새로 한줄기
비껴든 햇살 속에선 먼지조차 금가루로 춘추는 것을 볼 수 있습니다.

그처럼 내 영혼이 가장 복되고 순수하게 찬란했던 날!

아버지의 고등학교 시절부터의 죽마고우이신 이녕진(야고보) 님이 빌려준
장면 박사가 번역한 《교부들의 신앙》이라는 책을 읽게 되는 순간!
이 몸으로 살다보면 언젠가 절대자를 찾을 날이 있겠지, 그때는 천주교를
믿어야지 하는 믿음의 씨앗이 뿌려졌는데 사람의 마음은 얼마나 변화에
굳은지……
그리고도 5년이 지나 그림 그리는 것조차 의미가 느껴지지 않게 되던
절망의 절벽 끝에 서서야 그 씨는 싹을 틔워서 드디어 성당을 찾게
되었습니다.
어머니가 근처 성당에 가서 내 얘기를 하였고, 성당에서 알려주는 대로
통신교리를 통해 영세를 받게 된 것입니다.

1982년 3월 2일.
대모님들이 '보나' 라는 영세명을 찾아주고, 둔촌동성당 임상무(분도) 신부님

께서 수녀님들과 우리 집으로 내방을 오셔서 영세를 주시던 날은
장애된 몸으로 해서 참담하게 망가진 영혼이 벗어날 수 없었던 어둠의 골방
속으로 한 줄기 찬란한 햇살이 비껴 들어오는 순간이었습니다.
그 빛은 골방 안을 가득 밝히면서 세상 밖으로 쏟아져 내리는 은총을
예비하고 있었습니다.
"보나는 도움이 많이 필요하니까 대모를 두 사람이 해요."
신부님 말씀에 아무 것도 모르며 기쁨 속에 마음만 콩당콩당 설레었고
이영자(세실리아), 박명순(마리안나) 두 분의 대모, 견진성사 받으면서
김미자(아네스) 견진대모님을 모셔 세 분의 대모님을 갖는 남다른 축복이
얼마나 큰 것인지 그때는 미처 알지 못했습니다.

방안에 비껴드는 햇빛 속에서는 먼지조차 금가루 되어 반짝이듯이
세속적인 기준으로 내 인생은 이미 끝나 버린 먼지처럼 쓸어 버릴 가치 없는
존재인지도 모릅니다.
그러나 죄인의 구원과 고통받는 이들의 벗으로 오신 예수그리스도의 빛
안에서는 내 비참한 영혼도 찬란한 빛줄기 속에서 사랑의 환희에 잠겨 춤출
수 있었습니다.
일요일 주일미사에 가고 싶어 하는 나를 위해 성당 어머니들, 청년들이
나서고, 전시회를 보러 가고 싶어 하는 것을 듣고 흔쾌히 차를 빌려주시던
신부님, 당신들이 보시던 성서와 신앙서적을 아낌없이 내게 주시던 수녀님들,
그들이 보여준 행동하는 사랑의 모습들은 누워 있는 제게 용기를 주기에
충분하고 넘쳤습니다.

십자가의 예수 그리스도는 너무도 사람을 사랑하신 사랑으로 오직 그 사랑
때문에 그런 비참한 죽음으로까지 자신을 내어 줄 수 있었고, 우리의 사랑
또한 바로 그러한 사랑을 사는 것이어야 함을 보여 주는 모습들이었던

것입니다.

작은예수회에 입회하는 것을 결정하였을 때 가족들과 성당의 신부님과
봉사자들, 많은 모임에서 만난 장애인 벗들, 그 모두에게서 받은 크고 작은
사랑들에 무언가 보답을 하고 집을 떠나야겠다는 마음이 들었습니다.
그래서 내가 할 수 있는 유일한 일인 그림 그린 것을 보여드림으로써 주신
사랑에 이만큼 열심히 살아왔다고 말씀드리고 싶었습니다.
기도를 하다가 임신부님께 그 동안의 그림들을 모아 전시를 하고 싶다고
말씀드리니,
"좋지. 보나의 열심히 사는 모습은 교우들에게 큰 희망을 주게 될 거야.
성당에 만남의 방이 넓으니 거기서 해."
아주 반가워해 주시는 말씀에 용기백배해져서 바로 준비에 나섰습니다.
군대 제대 후 줄곧 자원봉사를 하며 같이 미술관 순례를 해준,
이제는 기자가 된 십년지기 남자 친구 김낙봉(레오니스) 형제에게 도움을
청했더니, 그림 전시에 필요한 작업을 몸으로 뛰어 주었습니다.
아직 도록을 만들 정도는 아니다 싶어서 작은 그림 엽서 세 장을 만들고
모든 아는 이들에게 연락을 하는 한편 매일 밤 두 시까지 그림을
총 정리했습니다.

데생, 수채화, 유화, 구성 등 습작 90여 점을 손보았는데, 부엌에서 일하다가도
내 목소리에 곧 달려와 그림 도구들을 챙겨 주신 어머니, 물감을 사 오고
액자를 맞춰 주신 아버지. 전시회 준비로 놀아주지 못해도 "전시회 끝나면
같이 놀 거지? 작은고모는 장애인인데 그림도 그리고 전시회도 하고,
나는 고모가 훌륭하다고 생각해" 라고 말해주는 어린 조카가 있어서
모든 것이 가능했으니……

1986년 7월 아침 부모님과 함께 성당에 가서 신부님과 수녀님, 대모님을
모시고 테이프 커팅을 하고 많은 교우들의 호응 속에 처음으로 세상에 나를
드러내게 되었습니다.
언젠가 모임에서 만나 뵈었던 추기경님께서 '누워서 어떻게 그림을 다
그리는구……' 하시더니 그림을 전시하게 되었다는 인사편지에 축하카드를
보내주시어 고통받는 이들에 대한 그 따듯한 관심을 나타내 보이셨고,
가톨릭신문에 난 기사를 보고 연락을 주신 여류조각가 나희균 선생님도
만나게 되었습니다.
나의 그림을 처음으로 사주셨던 로사 자매님도 잊지 못합니다. 아드님이 그때
초등학생이었는데, 이제는 국립극장 무대 미술을 하고 있다며 얼마 전
〈지저스 크라이스트 수퍼스타〉 뮤지컬 표를 보내주시어 우리 수녀들이
관람할 수 있게 해주는 인연까지 있었습니다.
그때 판매된 수입 중 십분의 일을 사랑의 고리에 전달하였습니다.

그 후부터 장애인들이나 어려운 일을 겪고 있는 이들에게 꼭 해주는
이야기는 자신의 어려운 입장만을 생각하여 원망하고 탓을 남에게 돌리고만
있지 말고 스스로의 노력을 다하면서 주위에 있는 이들을 믿고 먼저 도움을
청하라는 것입니다.
다른 장애인들과 많은 대화를 나누면서 장애인들이 할 수 있는 일들을
연대하여 함께 찾아내고, 자신이 할 수 있는 만큼의 노력을 다하면서
가족들과 주위에 있는 건강한 이들의 선의를 믿고, 무엇이 필요한지 먼저
도움을 청하고 작은 도움이라도 감사하고 능력 닿는 데까지 작은 보답이라도
하려 한다면 그럼 마음가짐에서 더 큰 선이 이끌어져 나오는 것이라고
말합니다.
아무리 작은 사랑의 말과 몸짓이라도 그로부터 보다 나은 세상으로의 변화가
시작되는 것임을 그 전시회에서 함께해준 모든 이들이 보여 주었습니다.

김수환 추기경 초상 : 캔버스에 유채, 45.5×38.0, 1998년

그렇게 작은 빛줄기들이 모여서 온 세상을 밝힐 수 있는 큰 빛 영의 태양이
되었을 때, 어둠 속에 갇혀 있는 영혼들에게 한줄기 구원의 빛으로 다시 다가
갈 수 있는 것이라는 체험은 앞으로의 나의 갈 길을 살며시 열어 보여 주고
있었습니다.

예수님 드로잉 : 종이에 연필, 33.3×24.2, 2000년

수호천사

아침나절 밝은 햇빛이 방안을 가득히 평화로운 공기로 채우고 있던,
새벽미사를 다녀온 어느 주일. 아버지는 거실에서 차를 마시며 신문을 보고
계셨고, 어머니는 베란다의 화초들에 물을 주고 게셨습니다.
어린 조카가 햇살 같은 웃음을 머금고 곁에 다가왔습니다.
"작은고모 수호천사가 뭐야?"
성당 사람들과 하는 얘기를 옆에서 들었나 봅니다.
"우리 모두 태어날 때 하느님이 항상 곁에 같이 있어 주는 천사를
보내주시는데, 우리를 위해 기도해 주고 보호해 준다고 해서 수호천사라고
하는 거야."
"그럼 나한테도 있어?"
"응. 여창이한테도, 고모한테도, 할머니한테도, 할아버지한테도."
"어디 있어?"
"보이지 않아. 아마 마음속에 있을 거야."
"마음이 어디 있는데?"
"음……."
조카의 궁금증은 끝이 없었습니다.

큰오빠의 결혼 후 조카들이 태어날 무렵 큰올케언니가 직장생활을 계속해야
했기에 부모님과 합쳐 살게 되었습니다.
그때 아이를 키우는 어머니는 수도자보다 더한 이타적 사랑을 사는
사람이라는 것을 알았습니다.

여름아이 1 : 캔버스에 유채, 53.0×45.5, 1982년

어떻게 떠나 온 길인데! 어린 마음에 이별의 슬픔을 알게 하고 떠나온
길인데! 포기해선 안돼. 기쁘게 힘차게 사는 모습을 보여야 해!
험한 세상 폭풍 속에서 부드럽고 따스한 바람결로 다가오는 어린 조카의
사랑 겨운 눈망울은 나를 지켜봐 주는 진정한 수호천사였습니다.

모든 것을 아기를 중심으로 하여야 하고 내가 없어야 하며, 24시간 눈길을
떼지 말아야 하고, 잠시 잠깐 마음을 다른 데로 돌리면 어찌 그리 용케도 금세
무슨 사고가 터지는지.
아이를 키우는 어머니는 진정 위대합니다.
낮에는 할머니가 돌보고, 큰올케언니가 밤에 데리고 자고,
용변 보고 우유 먹이고 일과를 다 마치고 나면 나는 놀이친구 몫을…….
조카가 태어나면서부터 초등학교 입학까지 6년 동안 함께 장난치며
노래 부르고, 말 배우는 것에서 유치원 다니면서부터는 글씨쓰기,
색칠하기까지 모든 것을 같이 하며 정들어 가기 시작했습니다.

네 살이 되어 주변을 인식하기 시작했을 떠,
"고모는 왜 누워만 있어?"
"오줌 마려우면 어떻게 해?"
"아프면 병원은 어떻게 가?"
"내가 이 담에 의사선생님 되어서 고모 병 고쳐 줄게."

정이 든다는 것은, 정을 주고받는 다는 것은…….

아빠 엄마 따라 어느 모임에 가서 다른 아이가 "난 우리 엄마와 결혼 할 거다"
하면, "난 작은고모와 결혼 할 거야" 라고 대답해 친구들이 모두 작은고모가
누구냐고 물었다고 큰올케언니를 서운하게 만들기도 했습니다.

정이 폭 든다는 것은…….

작은예수회로 입회하는 얘기를 하던 어느 날.
해맑고 동그란 얼굴에 진지한 표정으로 곁에 바짝 다가앉아서

"난 작은고모가 어디 가지 말고 그냥 집에 있었으면 좋겠어" 라고 말해 주던
그 어린 조카.
내리사랑이라는 말이 있습니다.
집을 떠날 때 울엄마도 아버지도 아닌 어린 조카 여창이가 마음에 걸려 며칠
밤을 눈가에 물기를 머금고 기도하며 결단을 내려야 했습니다.
아이에겐 무엇보다 소중한 엄마 아빠의 사랑이 있으니까 고모로 인한
상실감은 곧 씻겨지리라 생각하면서, 이 담에 여창이가 대학생이 된 후에
고모하고 바티칸 미술관에 같이 가자고 작은 손가락 걸고 약속하고는 과감히
떨쳐 나섰습니다.

가족을 떠나 지금까지 16년.
마음이 무너지려 나약해질 때, 포든 것을 포기하고 싶을 만큼 힘겨울 때,
우주공간에 혼자 떠 있는 듯한 외로움에 젖을 때,
보이지 않는 예수님의 사랑마저 허망하게 느껴질 때,
나를 엇나가지 않게 잡아 준 것은 어린 조카 여창이가 작은고모를 그리워하고
있다는 말이었습니다.

어떻게 떠나 온 길인데!
어린 마음에 이별의 슬픔을 알게 하고 떠나온 길인데!
포기해선 안돼!
기쁘게 힘차게 사는 모습을 보여야 해!
험한 세상 폭풍 속에서 부드럽고 따스한 바람결로 다가오는 어린 조카의 사랑
겨운 눈망울은 나를 지켜봐 주는 진정한 수호천사였습니다.

잉어를 먹었습니다

봉쇄수련기 때,
우리나라 여름 날씨 특유의 푹푹 찌는 무더위가 계속되던 어느 날.
긴소매 수도복과 머리를 꼭 싸매고 있는 두건 속으로 온 몸이 땀 범벅이 되어
도 덥다는 말 한마디 쉽사리 할 수 없는 수도자이다 보니 지쳐 가는
육신의 힘겨움을 속으로만, 속으로만 삭여야 했습니다.
그 모습이 안쓰러웠는지 더위에 좋은 음식을 만들어 먹여야겠다는 의견이
부엌에서 들려왔습니다.
아마도 삼계탕이나 뭐 그런 여름에 흔히 먹는 음식이 나오겠거니 하고
기대했는데, 저녁식사에 잉어 곤 국이 나왔습니다.
여인네들 몸에 좋은 거라 특별히 마련했다며.

잉어!
저희 본가에서는 잉어를 안 먹습니다.
파평 윤씨 시조설화에 따르면 시조 윤신달 님은 용연지 가운데 옥함에서
태어났는데 어깨 밑에 비늘이 있었다고 합니다.
왕건과 함께 고려를 창업할 때 강물 위로 잉어의 무리가 다리를 놓아 위기를
모면하였기에 그 은혜를 갚는 의미로 대대로 잉어는 먹지 않는 금기식품이
되었습니다.
그런데 그 잉어를 곤 뽀얀 국물이 한 대접 가득 제 밥상에 놓여 있는 것입니
다. 일단 먼저 밥과 반찬만으로 식사를 했습니다.
상 위에는 잉어탕만 남았습니다. 나는 그 다음의 선택을 해야 했습니다.

결단 : 캔버스에 유채, 45.5×38.0, 1990

…… 두 눈 꼭 감고 한숨에 잉어탕을 들이키는 그 순간,
저는 다시 한번 집을 떠난 것입니다. 혈육을 떠난 것입니다.
믿음을 선택한 것입니다.

수도의 길을 올바르게 가기 위한 선택.

예수를 믿느냐 안 믿느냐, 이타적 사랑에 목숨을 내놓겠느냐 아니냐.

그런 어마어마한 명제의 선택만이 중요한 것이 아니었습니다.

매일매일 살아가는 나날 속에서 어쩌면 너무도 소소한 일상사 속에서 습관

들여졌던 모든 것을 수도자의 관점으로 재선택하고 결단을 해내야 하는

것임을 뼛속 깊이 새기는 순간이었습니다.

잉어탕 먹는 것, 다른 이들에게는 아무 것도 아닌 일입니다.

그러나 두 눈 꼭 감고 한숨에 잉어탕을 들이키는 그 순간, 저는 다시 한번 집을

떠난 것입니다.

혈육을 떠난 것입니다.

믿음을 선택한 것입니다.

수도의 길을 선택한 것입니다.

세상적으로는 쓸모없는 몸이라 버려지고마는 중증지체장애인의 생애를

세상 구원을 위하여 쓰시겠다는 부르심에 응답한 것입니다.

가만히 있어도 줄줄 땀이 흐르고 숨이 가쁘게 무더위로 치닫는 칠월 어느

오후. 봉쇄수련소에서 저녁밥을 먹으며 저는 존재를 건 선택을 한 것입니다.

파평 윤씨는 절대로 먹지 않는 잉어를 먹음으로써.

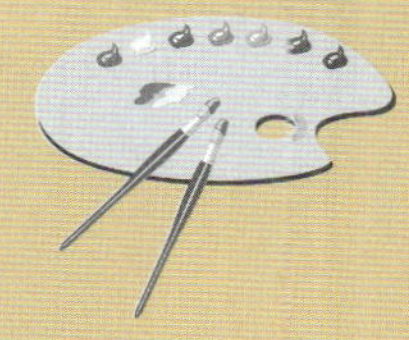

제2장 _ 행동으로 진실하게

혼자서는 살 수 없는 몸이기에
17년 전에 만난 한 신부님께서
함께 사는 세상의 아름다움을 가장 잘 보여 줄 수 있는
중증지체장애인의 진실한 동행이 되어 주셨고…….

박성구 신부 : 종이에 파스텔, 45.5×33.3, 2000년

이제는 저도 세상 속으로 뛰어들어
예수님에게서, 신부님에게서 배운 사랑의 레슨을 실천하라고 하는
마음속에서부터 울려나오는 부르심을 듣습니다.

행동으로 진실하게

1985년 2월 한 신부님을 만났습니다.
기도하며 그림 그리며 살 수 있는 공동체를 찾아 기도해 온 지 1년이
흘렀을 때, 한 친구가 찾아왔습니다.
평소 모임에서 인사만 나눌 정도였던 장애인 친구가 집으로 찾아와서는
"어떤 신부님이 건강한 사람과 장애인이 함께 하는 기도공동체를 시작했는데
언니는 기도하는 것을 좋아하니까 그곳에 가면 좋을 것 같아서……" 라는
말을 전했습니다.
그후 친구 두 명이 또 그 얘기를 전해 주었습니다.
이것이 예수님께서 내게 주신 길일까 하는 느낌을 가지기 시작했고,
언제나처럼 어머니께서 먼저 다녀오신 후 그 모임에 참석하러 갔습니다.

그 자리에서 만난 신부님이 두어 시간의 모임 내내 누워 있는 모습을
보시고는 "그렇게 누워 살면서 여기는 어떻게 왔냐?"고 물으셨습니다.
모임 후, 조심스레 이곳에 와서 살 수 있을지 하고 여쭈었더니
"좋지, 내일 들어와" 하셨습니다.
놀라서 "내일 아니고 준비를 한 다음에……" 라고 더듬거리는데
"무슨 준비가 필요해?" 하시는 것이었습니다.
신부님으로서는, 예수님께서 제자들을 부르실 때처럼 그렇게 단순하게 따라
나서야 함을 얘기하신 거였는데, 아직 영적으로 어린 영혼이었던
나의 당황함은…….

그리고 1년도 더 지난 후인 1986년 11월.
"건강한 사람도 공동체 생활은 어려운건데 사회생활 경험해 보는 거라고
생각하고 힘들면 언제든지 집으로 돌아와라." 따뜻이 말해 주는
가족을 뒤로 하고 작은예수회 기도공동체에 입회하였습니다.
아끼던 모든 것을 정리하고 책과 그림 도구만을 싸들고 결연히 뛰어든
새 생활.
초등학교 5학년 때 아픈 날 이후 오직 집안에서 가족들과 생활하며
사회활동과는 완전히 차단되었었기에, 너무도 생소하기만 한 나날들에
적응하느라 정신없이 헤매었기에, 나이 서른여섯에 겁먹은 아이라는 별명을
들으면서도 전국 각지에서 모인 낯선 개성들과의 부딪침도 미사와 기도를
바치는 동안에 스르르 풀어지는 것이 기특했습니다.

스파르타식 강훈련을 하시는 신부님!
비가 오나 눈이 오나 매일 새벽미사를 가야 하고, 일주일에 한 번씩
철야기도회를 해야 하고, 행사란 행사는 빠짐없이 다 참석해야 했습니다.
집에서는 한 달에 한번 외출할 때도 영양제 먹고 갔다가 돌아와서는 며칠씩
쉬어야 할 만큼 허약한 저였습니다.
몸이 놀라고 마음은 당혹스러웠지만 장대같이 쏟아지는 빗줄기 속에서
장애인 여름캠프를 하느라 온몸이 젖어들어도, 눈발이 흩날리는 산길을
도보행진해도, 잔병치레 없이 다 잘 따라가 주는 몸이 너무도 신통했습니다.

그렇게 강한 영과 육의 훈련 한편으로 신부님은,
공동체에서 가장 약자인 말하지 못하고 듣지 못하고 걷지 못하는 정신지체
장애인이 행여 왕따 당할까 늘 무릎에 앉혀 끌어안고 계시는 분이셨습니다.
그 바람에 그 아이가 흘리는 고약한 냄새가 나는 침으로 로만칼라 사제복이
흠뻑 젖어들어도 아랑곳하지 않는 참 용기의 사랑을 보여 주시며 우리에게

사랑의 레슨을 하신 신부님.

시련의 벽 앞에서 눈물 흘리며 의기소침해 하면,

"울 일이 있으면 골방에 박혀서 울지 말고 사거리에 나가서 울어야 사람들이
문제를 인식하게 되고 해결 방법을 찾게 된다"고 말씀하시면서 적극적이고
긍정적인 사고와 변화를 위한 행동을 하도록 격려하셨습니다.

고통 받고 소외된 이들을 위한 모든 일에서 행동으로 진실하게 사는 길을
보여 주신 박성구(요셉) 신부님의 참으로 놀라운 생애를 곁에서 지켜보는
것은 소중한 체험이 아닐 수 없었습니다.

천주교 사제로서 이 시대에 예수를 살고자 기도하며 행하는 그 불덩이 같은
신념이 불러일으키는 돌풍을 나는 보았습니다.

'신체장애는 능력의 장애가 아니다. 장애인이라고 편안히 보호만 받고 사는
것은 살아 있는 것이라고 할 수 없다.

움직일 수 있는 한 무언가 일을 하여야 한다.

큰일만 일이 아니다. 종이 한 장을 접어도 그것이 최선의 힘을 다 쏟은 것이면
어떤 일보다 큰일이다.

우리의 생활비를 모아 주시는 회원들에게 할 수 있는 가장 큰 보답은 우리가
함께 기쁘게 사는 모습이고, 우리는 그들을 위해 우리의 고통을 봉헌하며
기도로써 세상을 구원하는 몫을 살아야 한다.'

전국적으로 장애인 복지대회를 시작하시며 장애인이 일반가정에 하룻밤을
묵는 민박운동을 일으키고, 장애인 거리 나오기 운동과 장애인에게 교육의
기회와 일자리를 주어야 함을 강조한 성명서 선언도 수도 없이 하셨습니다.

한라에서 백두까지 10대도시 걷기대회, 행려인 · 노인공동체 ·
영적 장애인들의 치유의 자리인 성령기도회, 브라질 행려인 급식소 ·
미국 장애인 그룹 홈 · 중국과 북한에 의약품 및 식품 보내기 등

'함께 삶의 기쁨을!'의 정신운동을 구현하기 위하여 모든 분야에서 40여 개의
공동체들을 국내외에 일으켜 세워 가는 역사의 현장을 보게 되었습니다.

'보이는 장애인의 모습이 안 보이는 우리의 참 모습이다.'
'우리는 모두 예비 장애인이다. 장애인 복지는 바로 나의 미래를 준비하는
일이다.'
'내가 기뻐하며 장애인과 살 수 있어야 한다.'
'희생하는 마음만으로 오래 못 견뎌 낸다. 자선이나 동정이라면 아예
시작하지 말며 함께 삶의 기쁨을 사는 생명 나눔이어야 한다.'
단순하면서도 지혜롭고, 성실하면서도 의지가 강했고, 장애인과 영적인
고통 속에 있는 이들을 위한 헌신과 투신이 남달랐지만, 바로 그 일로 인해
신부님은 예상치 못한 고난과 수모도 수없이 겪어야만 했습니다.
그래도 하느님의 사랑의 영으로 어둠 속에 있는 한 생명에게 빛을 주는 일이
라면 "눈물 젖은 장애인의 얼굴에서 미소가 사라지지 않게 하는 것이 나의
소명이다" 라고 외치시며 어둠과 빛이 교차하는 장애인복지운동,
인권운동에의 길을 외골수로 달려가시며 일으키는 돌풍 속을 저도 한마음
되어 함께 달렸습니다.

그 돌풍은 천주교 2000년만의 기적인 건강한 이와 신체장애인이 함께
수도생활을 하는 작은예수수녀회를 탄생시켰습니다.
번듯하게 건강하고 특출한 능력이 있어야만 가치로운 인간으로 대접받는
세상에서 온전한 한 사람이 되어 살 수 없었던 한 중증지체장애인이 함께
사는 세상을 향한 희망과 신념을 꼭 붙잡고, 휠체어장애인 수녀로서
종신서원을 하고 신명나게 살 수 있게 만들었습니다.

'너와 나 둘이서 하나 되어 진실하게 행동한다면, 둘로써 하나로 참되게

함께 삶의 기쁨을 나누며 한 길을 걷는다면, 해서 좋은 일, 모두의 공동선을
위한 일은 기필코 이루어 낼 수 있다.'

17년 전 만난 한 신부님께서, 혼자서는 살 수 없는 몸이기에 함께 사는 세상이
아름다움을 가장 잘 보여 줄 수 있는 중증지체장애인의 참된 동행이 되어
세상물정 몰라 허둥댈 때 길 잡아 주시고, 아직 믿음이 약해 쓰러질 때 붙잡아
일으키며 이끌어 주셨기에 울보, 겁먹은 아이가 지금은 못 말리게 강한
주장을 하는 원장수녀로 우뚝 서게 되었습니다.

'정신지체장애인이든 지체장애인이든, 고통받고 소외된 정신적 장애인이든
마음이 무너져 버린 행려인이든, 통틀어서 결정적으로 가장 불행한 장애인은
영적 장애인이다.'

수녀들의 세상이 다른 삶의 모습을 비워낸 하늘나라를 표징하는
몫이라면, 몸은 장애가 있어도 자신의 고통을 인류 구원을 위한 기도로
봉헌하며, 세상적인 어떠한 고난 속에서도 영적인 깊은 체험으로 기쁘게 살고
있는 영혼이야말로 참다운 수도자의 모습이라고 확신합니다.
전세계 성교회 역사에 없던 일, 새 천년을 위한 새로운 카리스마의 수녀회를
창립할 때의 어느 날. 인간적으로 너무도 힘들다 싶어 "신부님 제가 이렇게
살아 있어서 죄송합니다" 말한 적이 있습니다. 흐르는 눈물 속에 목메었던
저의 말에 신부님은 "아니다. 네가 살아 있어서 빛이다"라는 한마디로
명쾌하게 확신을 주는 말씀을 해주셨습니다.

활동이 많아 하루에 서너 시간도 제대로 못 주무시고 밤낮 없이 전국을, 온 세
상을 돌아다니시는 신부님은 꼼짝 못하고 누워 있는 장애인에게 당신이 창립
한 수녀회의 중책을 맡기셨습니다.

결재를 받으려면 사제관의 좁은 계단을 올라가야 하는데 장애된 몸이 그렇게 못하니까 오히려 제 방으로 오셔서 결재를 해주고 가시는 세상에 둘도 없는 겸손하고도 과감한 용단을 보이신 신부님!

이제는 저도 세상 속으로 뛰어들어 예수님에게서, 신부님에게서 배운 사랑의 레슨을 실천하라고 하는 마음속에서부터 울려나오는 부르심을 듣습니다.

예수님처럼, 신부님처럼 저 또한 그 누군가에게 영혼 깊이 샘솟는 사랑과 희망을 심어 주고 그 생애를 바칠 만한 신념을 심어 주는 진실한 안내자가 되어 줄 수 있도록 지혜와 인내의 능력을 구하는 기도를 바치며 한 걸음 한 걸음 나아갈 것입니다.

함께 삶의 기쁨을!!!

1987년 10월.
신부님께서 장애인복지운동을 시작하실 대 만드신 '함께 삶의 기쁨을!!!'
이란 표어가 아직 사람살이에 대해 깊은 이해가 부족하던 그때는 잘 납득이
안 되었습니다.
함께 삶의 슬픔이나 함께 삶의 고통이나 뭐 그런 쪽이 더 맞는 것 같았습니다.
기쁜 것은 누구나 같이 좋아하는 거니까.
그 후 사람살이에 대해 깊이 알아갈수록 사회생활, 공동체 생활 속에서,
사람들과의 관계 속에서 많은 이들과 만나고 마음속에서 일어나는 느낌들을
깨달아 가면서, 기도하며 나의 내면을 깊이 성찰할 수 있게 되면서
함께 삶의 기쁨이야말로 우리네 삶의 가장 깊은 핵심을 찌르는 표현이라는
것을 알게 되었습니다.

우리가 좋아하는 어떤 사람에게 그 사람 참 괜찮다, 착하게 살더니
일이 잘됐다 같은 뭔가 좋은 일이 생기면 우리는 진짜로 같이 기뻐합니다.
아 정말 잘됐다, 그래야 되는 거야 하면서…….
그러나 내가 뭔가 마음에 거북함이 있어서 싫다고 생각하고 좀 문제가 있다고
생각하는 사람이 좋은 일이 생기면 우리는 마음으로부터 그렇게 기쁘지
않습니다.
'저 사람 평소에 어땠는데 세상 참 불공평한 것 같아' 하면서, 마음속에 불편
함이 있는 사람이 잘될 때 우리는 결코 함께 기뻐하지 못합니다.
함께 삶의 기쁨을 나눌 수 있는 마음은 저절로 되는 것이 아닙니다.

함께 삶의 기쁨을! : 캔버스에 유채, 53.0×45.5, 1987년

함께 삶의 기쁨을 나눌 수 있는 마음은 저절로 되는 것이 아닙니다.
모든 이들의 기쁜 일에 사심 없이 진심으로 기뻐하는 마음이 되기 위해서는
얼마나 빈 마음이 되어야 하는 것인지 모릅니다.

모든 이들의 기쁜 일에 사심 없이 진심으로 기뻐하는 마음이 되기 위해서는
얼마나 빈 마음이 되어야 하는 것인지 모릅니다.
우리가 하느님이 되어서 이웃을 판단하지 말아야 하며,
우리가 겪은 아픈 일들을 그때그때 용서할 수 있어야 하며,
나뿐 아니라 이웃 그 누구라도 모두 하느님이 창조하시고
예수님의 십자가의 구원을 받고 있는 이들이라는 믿음이 있어야 합니다.

남의 기쁜 일을 내 일처럼 기뻐하는 것은 슬픔을 같이 슬퍼하기보다 오히려
더 어려운 것입니다. 오죽하면 예로부터 사촌이 땅을 사면 배가 아프다는
속담이 전해내려 오겠습니까?
우리 인간성 속에는 참으로 슬픈 본성이 내재되어 있습니다.
어쩌면 인간의 원죄라는 것이 이러한 것이 가닐까 싶을 만큼 이웃과의
관계에서 있는 그대로 보지 못하는, 마음속에서 뒤틀린 감정 같은 것이 꿈틀
거리고 있음을 느낄 때가 있습니다.

우리네 마음 깊고 깊은 곳에는 하느님께서 심은 선한 사랑의 마음이 있기에
우리는 누군가 따뜻하고 희망적으로 살고자 하는 이야기를 들으면 고개를
끄떡이며 세상이 그래야 한다고 반가워합니다.
우리는 그 마음을 꼭 잡고 살려 내야 합니다.
미담을 들으면 반가운 그 선한 마음을, 함께 착하게 살고자 하는 공유의식을
의식 밑바닥에서 끌어 내어 그 누구한테라도 그의 잘된 일을 축하해 주고
그의 기쁨을 공유하며 함께 삶의 기쁨을 나누며 살 수 있도록 해야 합니다.
항상 그러한 자세로 깨어 있도록 하자는 것이 '함께 삶의 기쁨을!!!' 표어의
참 목표인 것입니다.

짝지와 함께

우리 작은예수회가 시작될 때 신부님께서는 기도하는 공동체로
방향을 잡으셨습니다.
 '장애인들만의 공동체는 의미가 없다. 사회와 마찬가지로 건강한 이와
장애인이 함께 어울려 살아가는 것을 해내야 하고, 장애인들이 그 가족과
살고 있는 지역사회에서 함께 살아갈 수 있게 되어 우리와 같은 공동체가
없어지는 것이 우리의 정신운동이 성공하는 것이다.'
그러시며 당장 갈 곳이 없는 장애인들을 모두 받아 들이다보니 50여 명이
넘게 되어서 한 사람 한 사람 눈여겨 챙겨주기보다 공동체 전체적인 운영과
규율을 앞세우게 되는 상황이 발생되었습니다.
 '이건 아니다. 장애인들은 누구보다 관심의 대상이 되어 자신의 존재표현을
할 수 있어야 한다' 고 느끼기 시작하며 많은 기도와 의견을 수렴하였고,
그렇게 해서 1990년 5월 성남에서부터 한국형 장애인가정 소공동체가
시작되었습니다.

성당 옆에 방 세 개와 거실이 있는 전셋집을 마련하고 장애인이 아홉 명이
넘지 않는 선에서 살며 보통 서민들이 사는 정도의 생활을 할 수 있게끔
터전을 잡았습니다.
성당과 지역 사회의 사람들이 수시로 방문해 장애인 식구 누구하고라도 함께
놀고 외출하고 식사준비, 청소, 목욕봉사 등 사랑나눔을 이행하였습니다.
수녀나 상주 봉사자들이 운영을 맡고 긴급히 필요할 때나 멀리 이동해야 할
때는 다 같이 움직였으며, 평상시 몸은 못 움직이나 생각할 수 있는

석류 : 캔버스에 유채, 45.5×38.0, 1986년

앞을 못보는 사람이 걷지 못하는 이를 업고서, 걷지 못하나 앞을 보는 이가
가르쳐 주는 대로 함께 길을 갔다는 〈이솝우화〉에서처럼 우리도 살아가면서
참 많은 아름다운 에피소드들을 엮어가고 있습니다.

지체장애인과 몸은 움직이나 지능이 낮아서 자신을 제대로 추스르지 못하는
지적장애인과 짝지가 되어 서로를 분신처럼 챙겨주는 삶의 방법을
채택하여 함께 살아가게 되었습니다.

앞을 못 보는 사람이 걷지 못하는 이를 업고서, 걷지 못하나 앞을 보는 이가
가르쳐 주는 대로 함께 길을 갔다는 〈이솝우화〉에서처럼
서로 짝지어 서로 돕고 사는 동화 같은 이 모습이 많은 이를 감동시켰고,
우리도 살아가면서 참 많은 아름다운 에피소드들을 엮어가고 있습니다.
그러나 현실적으로 여러 문제들도 거론되기 시작했습니다.
지적장애인들도 한 인격체로서 자신의 삶을 살아가야 하는데
지체장애인의 몸종 노릇을 하는 거 아니냐는 비판과, 생각하는
지체장애인들에게는 지적능력을 개발하여 발휘할 수 있게 하여야 하는데
지적장애인들은 원초적인 도움만 줄 수 있는 상태라는 문제가 함께 제기되었
습니다.
우리가 이 삶의 방법을 한국형 장애인가정 소공동체라고 표현한 것은
이 모습이 최선은 아니라는 것을 알기 때문입니다.
그러나 우리나라의 열악한 장애인복지 현실에서 차선의 이 방법을 선택할 수
밖에 없습니다.

사실 중증지체장애인을 돌보는 이는 그 아프고 불편한 몸을 섬세히 다뤄줄 수
있으며 사명감과 이타적 사랑이, 자신이 하고 있는 일에 대한 뚜렷한 소명의
식이 있어야 합니다.
그렇다고 해도 한 사람이 24시간 종일을 같이 있는 것은 부모 형제들도 하기
힘든 일이어서 미국에서는 3교대로 아침, 낮, 일할 때와 저녁에 잘 때 도와줄
전문가를 고용할 수 있는 비용이 중증지체장애인에게 지급된다고 합니다.
가장 이상적인 이 꿈같은 이야기가 우리나라에서도 가능하다면 더 말할 필요

없지만 장애인복지예산이 늘기는커녕 줄었고 현재의 장애인복지 인식
수준에서는 그 무슨 호강에 겨운 소리냐 할 것입니다.
집에서 살 수 없게 되면 가족으로부터 버려지는 현실에서 당장 먹고 살 곳이
필요한 장애인들에게 적절한 대책을 세워 주어야 하는 현장에서 살며
절실하게 느껴졌기에 우리는 이 삶의 방법을 채택한 것이었습니다.
지금도 전국 23개의 공동체에서 총 약 300여 명 남짓한 장애인들이 살고
있으며 입소를 희망하는 부모들의 신청서는 쌓여만 가고 있습니다.

나 또한 중증지체장애인으로 작은예수회에 살고 있기에 나의 짝지가 있고,
내 위치가 수녀원 원장이 되었든 전 세계도 전시회를 다니는 예술인이 되었든
지적장애인과 짝을 이뤄 사는 것을 한국 장애인들의 전반적인 처지와 그 상황
에 동참하는 의미로 기꺼이 받아들였습니다.
그러나 나의 사회적인 성취가 커가는 것과는 달리 항상 그 상태일 수밖에
없는 짝지의 모습이 많은 이들에게 유감을 주고 있는 것을 보면서 이 문제를
풀어 갈 지혜를 구하는 기도를 시작하였습니다.
참으로 세상적인 일들은 하느님 앞에서 아무 의미가 없기에 나의 외적인
재능이나 업적들도 내게 해야 할 일로 주어졌기에 노력하는 것뿐이며,
어린이처럼 살고 있는 지적장애인들의 삶이 차라리 더 아름답고 가치로울 수
있다고 생각해 왔습니다.
우리나라가 경제력이 성장하고 장애인복지에 대해 모두가 관심을 가져서
예산도 팍팍 늘어 장애인들이 실제로 살아갈 만할 정도로 보조금이 나온다면
당장 해결될 수 있는 일이거늘!

나의 첫 번째 짝지 김해자(봄보사) 자매는 부모는 없고 지방에 오빠 언니들이
있지만 아무도 돌보려 않자 둘째언니가 서울로 데리고 와서 살다가 단칸방에
아기가 태어나 더 이상 같이 있을 수 없어 맡기고 간 스물한 살의 자폐 성향이

조금 있는 지적장애인이었습니다.

말을 못하고 '보보뽀, 혹, 확' 등의 소리로 의사표시를 하여서 뽀뽀라는
별명이 붙은 해자는 소리를 듣기는 하나 말의 내용을 정확히 인지하지는
못합니다. 그러나 어떤 일에 대해 한번만 정확히 인식하고 나면 절대로 잊어
버리는 일이 없습니다.

서로 챙겨주며 뻑뻑 고집부리며 울고불고 하며 뒤엉켜 산 지 2년 되는 해에
장애인 여름캠프에 혼자 이박삼일을 다녀오던 날,
문 열고 들어오자마자 내 곁으로 뛰어와서 주머니에서 사탕을 꺼내 '혹, 확'
하며 내 손에 쥐어 주었던 정이 흠뻑 들었던 뽀뽀.

그녀는, 수녀회가 창립되고 봉쇄수련을 시작하게 될 때 수녀회 생활이
지적장애인에게 맞지 않을 것 같아서 장애인들이 사는 개방된
공동체에서 지내도록 하여 지금은 떨어져 살고 있습니다.

그리고 두 번째 짝지 박관옥(논나) 언니.

나보다 여덟 살 많고 결혼하여 아들도 두었지만 연탄가스 중독으로
기억력이 왔다갔다 해서 사회생활도, 가정생활도 안 되어 입소하였습니다.

기운도 세어 거친 일도 잘 하시고, 평소 가만히 먼 산 보고 하염없이
서 계시다가 갑자기 사실이 아닌 얘기를 엉뚱한 것과 연결시켜 말해 누군가를
곤욕스럽게 하기도 하고, 때로는 너무도 그 상황에 정곡을 찌르는 말을 하여
모두의 말문이 막히게 하기도 하는 관옥 언니.

올해로 예순이 되시는데 그전 같지 않게 휠체어를 끌 때 힘들어하는 숨소리를
귓전으로 들으며 정든다는 것도 경계할 일이라는 옛 사람들의 말을
떠올립니다.

가족들이 모서갈 상황이 아니기에 이제 언니도 장애인공동체에서 사실 수
있게 해 드리고 그 누군가와 새로운 만남을 해야 할 때임을 생각하면 착잡한
심정이 됩니다.

하지만, 함께 삶의 기쁨을 누리는 것은 우리 모두가 온 세상 안에서 꼭 이루어
내야 할 일이며, 언제나 우리의 필요를 다 아시고 예비하고 계시는 하느님을
몸으로 체험해 왔기에, 이루시는 때와 행하시는 방법은 님께 맡기고 다만
마음 가다듬어 순응해 나갈 뿐입니다.

옥합을 깨뜨릴 때 : 캔버스에 유채, 53.0×43.5, 2003년

우리 수녀회의 이 아름다운 기적이 온 세상의 모든 이들의 삶의 방법으로
퍼져가게 하기 위하여 우리 서로 손잡고 이웃들에게 손을 내밀며 함께 사는
세상을 향하여 나아가기를 기도합니다.

수녀들과 함께

예수님이 사셨던 때부터 교회 안에서 많은 환자와 장애인들의 병을 고치는
기적이 있었고, 지금도 의료적으로 규명이 안 되는 치유의 예가 많이
있습니다.
그러나 장애인이 수녀가 되는 일은 우리 수녀회가 창립되면서 처음이었고,
특히 휠체어장애인이 정식 수련을 받고 주교님 앞에서 종신서원을 한 일은
없었습니다.
그래서 우리는 새 천년이 시작되는 이 시대에, 물질만능주의에 취해서
하느님을 잃어 가는 바로 이 시대에, 세상적인 어떤 어려운 처지에서도
하느님을 믿고 축복되게 살 수 있다는 것을 증거하는, 새 천년을 위한 새로운
카리스마의 수녀회로 창립된 것이라고 믿습니다.
처음에는 장애인들만 입회하면 어쩌나 지레 걱정을 했는데 건강한 사람과
마찬가지로 장애인들도 수도생활을 할 수 있는 영혼은 따로 있는 것을 알게
되었습니다.
지금은 비율이 장애인 수녀가 삼분의 일이고 건강한 수녀가 삼분의 이입니
다. 우리나라 장애인의 인구비율로 보면 적절하다고 생각되는데, 언제나 이상
을 꿈꾸시는 신부님은 반반이어야 한다고 기도하고 계십니다.

제가 침대휠체어에 누워서 수녀로 사는 모습을 보고 중증지체장애인들이
수녀가 될 수 있을지 묻기도 하고, 심지어 지적장애인들은 왜 안 되느냐는
이도 있습니다.
성서를 읽고 깊은 기도생활을 해야 하는데 지적장애인 경우는 아무래도 곤란

할 일입니다. 수도생활은 치열한 정신력의 단련을 요하고 철저한 자기 비움을
기본으로 공동생활을 해내야 하는, 인간적으로는 사막과 같은 곳을 견뎌야
합니다.
중중지체장애인들이 그냥 편하게 기도나 하며 사는 그런 곳이 아닌 것은
휠체어장애인 수녀가 나 한 사람인 것만 보아도 섣부르게 생각할 일이 아님을
알 수 있을 것입니다.

우리 수녀회에서 건강한 몸으로 수도생활을 하는 이들이 어느 수녀회
수녀님들보다도 훌륭하다고 믿는 것은 팔이 안으로 굽어서가 아닙니다.
병원, 장애인 시설, 양로원 등이 불우한 이들을 위한 많은 시설들에서 일하고
있는 수도자들, 인간의 멋지고 근사한 곳을 향하는 본성을 거슬러 헌신과
봉사의 길을 살고 있는 모습은 아무나 할 수 없는 대단한 일입니다.
그러나 나보다 못하다고 생각하는 사람을 동정하고 그보다 높은 위치에서
도와주는 행위 속에는 자신도 모르게 인간적 우월감을 만족시키는
보상심리가 깃들 수 있습니다.
그런데 우리 수녀회의 수도자들은 그것마저 비우고 장애인을 건강한 수녀와
똑같은 수녀가 되도록 위상을 높여, 누가 누구의 보호를 받는 상하관계가
아니고 서로서로 부족한 것은 채우고 넘치는 것은 나누는 수평의 관계로 살아
갑니다.
신부님께서 장애인복지운동을 시작할 때부터 동정이나 자선이 아닌 나눔이
어야 한다고 외쳐 온 그 정신을 고스란히 살아내야 하는 곳이
작은예수회수녀회이고 우리 수도자들입니다.

정말 깊이 기도하며 영적으로 깨어 있어야만 완전히 겸손한 비움이 가능한 것
이기에 이 드높은 이상을 세우신 창립 신부님과 건강한 수녀들의
완덕(完德)을 위하여 기도합니다.

장애인 수녀들 역시 이러한 비움을 통해서만 육의 한계를 넘어서 영적인
빛 안에서 완성될 수 있기에 그를 위해서도 기도합니다.
그리하여 우리 수녀회의 이 아름다운 기적이 온 세상의 모든 이들의 삶의
방법으로 퍼져가게 하기 위하여 우리 서로 손잡고 이웃들에게 손을 내밀며
함께 사는 세상을 향하여 나아가기를 기도합니다.
너의 기쁨도, 나의 기쁨도, 우리의 기쁨으로 공유할 수 있는
'함께 삶의 기쁨을!!!' 이루며 살아가는 그때가 꼭 오리라는 것을 믿으며…….

민화에서 - 연꽃 : 유채, 52.0×33.3, 1986년

북한산 자락을 타고 내린 사기동 계곡. 내 휠체어가 갈 수 있는
만큼 가서 자리를 잡고 이젤을 세우고 그림을 그렸습니다.

그림 그리는 마음

북한산 자락을 타고 내린 사기동 계곡.
계곡 바닥 돌 틈으로 흐르는 맑은 물줄기.
5월의 녹음이 짙푸르게 산야를 덮고 있고 계곡 여기저기 화판을 앞에 놓고
그림에 몰두하고 있는 이들의 무리 옆으로 내 휠체어가 갈 수 있는 만큼 가서
자리를 잡고 이젤을 세우고 풍경화를 그리기 시작했습니다.

작은예수회에 입회하여 1년 간의 적응기간이 지난 후 그림을 다시 시작하며
조각가 나희균 선생님의 소개로 문화센터를 찾아간 일이 있습니다.
1998년 그때까지도 장애인복지는 황무지 상태여서 이젤과 물감을 들고
봉사자 청년의 도움으로 지하철을 타고 찾아갔던 한 곳. 그러나 휠체어가
자리를 많이 차지하고 사람들의 이미지에도 안 좋으니 장애인들이 가는 특수
학교로 가보라고 거절당했습니다.
늘 거부당하며 살아온 나보다 선생님이 더 분개하시며 다시 소개해 준 곳으로
찾아갔습니다. 그 곳에서도 사무실 분들이 곤란해 하는데 유화반 담당인
안재후 선생님이 보시고는 '그림만 잘 그리면 되지 무슨 상관인가?'
하셨습니다.
그 한 말씀에 힘입어 수강등록을 하게 되었고 그 후 지금까지 중앙문화센터는
나의 그림 작업에 가장 길고 깊게 인연지어진 곳이 되었습니다.

각자의 개성에 따라 자신의 스타일을 찾아갈 수 있도록 세심하게 배려하며
가르쳐 주시는 선생님의 교수법에 나의 그림은 마음껏 자리잡아 갈 수

있었고, 혼자 방안에서 그리다가 같은 대상을 다른 사람들은 어떻게
표현하는지 참고하며 그려가노라니 그림 솜씨가 부쩍부쩍 늘어가는 기쁨을
느낄 수 있었습니다.

비가 오나 눈이 오나 청년 자원봉사자 사정에 따라 여러 명이 바꾸어 가며
지하철을 타고 다니기를 1년. 하루는 사무실 분들이 추렴하여 시계를
기념품으로 주시며 열심히 사는 모습이 장하다고 말해 주었습니다.
2층에 있는 강의실로 휠체어를 들어 올리느라 고생하신 분들이 귀찮아하지
않고 오히려 선물을 주시다니 그 마음들이 너무도 선하고 고마웠습니다.
장애인들이 먼저 최선을 다해 사는 모습을 보이면 장애인에 대한 인식 개선이
빨리 올 수 있을 거라는 희망이 보여 너무도 감격스러웠습니다.
나의 사진과 기사가 회보에 나오고,
함께 그림을 그리는 유화반 여러분들이 우리 신부님을 만나뵙고는
'보나를 위한 전시회를 열어 보자' 는 신부님 말씀에 작품을 모아서
〈작은예수회를 위한 나눔전〉을 개최하여 기금을 마련하여 주시기도
했습니다.
세상에 아무리 험한 일이 많아도, 그 누가 무어라 해도 모든 사람들의 마음속
깊은 곳에는 선한 심성들이 자리잡고 있다는 것을,
그래서 우리 서로의 노력으로 그러한 마음들을 밖으로 이끌어 내어 선을
행하도록 하며 고귀한 열매를 맺을 수 있다는 사람에의 믿음을 확실하게
잡아준 만남들이었습니다.

예술의전당에서 개인전을 하게 되었을 때, 수녀가 되는 것에 우선순위를 두며
살아와서 아직은 영글지 못한 그림 솜씨를 알기에 장소에 대한 부담감이 너무
강하게 마음을 짓눌러 작업 진행이 안 되고 있었습니다.
예술의전당을 나의 일상처럼 만들자, 결심하고는 크로키반에 수강신청을

하였습니다. 일주일에 한 번씩 그림을 그리러 가서 시간이 끝나면 미술관으로
올라가 무슨 전시회이건 상관없이 1층부터 3층까지 둘러보고 코너의
매점에서 할 일없이 커피를 마시며 시간을 보내기도 했는데,
그 작전은 적중하여 예술의전당이라는 이름이 주는 무게의 부담이 사라졌고
그에 더하여 그림도 큰 발전을 얻게 되었습니다.
그림을 쉬고 있던 몇 년 동안도 모델 박정향 씨의 도움과 이면경 씨와의 개인
작업으로 크로키는 드문드문 계속하고 있었기에 조금은 자신이 있었는데,
크로키반의 유영준 선생님의 꼭 집어주는 지적들은 완벽하게 그리려고 자꾸
손을 대는 버릇을 없애고 과감하게 생략하며 선을 그어 갈 수 있도록
자리잡아 주었습니다.

여름 느낌 : 캔버스에 유채, 41.0×31.8, 2000년

많이 그려보지 않은 풍경화도 그리려고 하니 처음 그림을 그리기 시작 할 때
느꼈던 내 몸의 한계가 새삼스럽게 답답해져 왔습니다. 하지만 내 그림이
최고의 명화가 되지는 못할지라도 그림 그리는 모습 그 자체로 사람들에게
어떠한 시련 속에서도 꿋꿋이 기쁘게 살 수 있다는 용기와 희망을 줄 수
있다면, 그것만으로도 그림을 그릴 가치가 있는 거라고 방향 정립을 하던
때를 되새겼습니다.
풍경화 또한 내가 그려야 할 그림이라면 하느님은 반드시 돌파구를 준비하고
계실 것이고, 만약 그리지 않아도 될 일이면 못하게 된다 해도 님의 뜻 안에
모든 것을 맡긴 내 생애이니 연연해하지 않을 것입니다.

참으로 많은 분들이 저의 그림 작업에 관심을 보여 주었습니다.
어머니의 친구이신 성 여사님처럼 그림을 사주시기도 하고, 루한 신부님처럼
제 그림을 소중히 당신의 공동체에 걸어두신 분도 계셨습니다.
이해인 수녀님은 색연필로 쓴 격려 엽서를 보내주셨고, 미술잡지를 수년 간
구독시켜 주신 농아선교회의 은인도 계셨습니다.
기금을 주시고, 물감이나 재료들을 사다 주시고, 직접 오서서 그림에 대한
조언을 해주신 정원식 선생님, 김미영 수녀님 등등 헤아릴 수 없이 많은 분들.
이 모든 사랑의 빚을 갚는 길은 나의 그림이 더욱 성숙되도록 땀 흘려
노력하고, 장애인전문예술학교를 세워 예술적 재능이 있는 장애인들에게
그와 같은 사랑을 주는 사람이 되는 것이라고 생각합니다.
우리가 누군가에게 선하고 좋은 일을 하면 그 당사자한테는 비록 갚음을
못 받아도 언제 어디서든 다른 누구에게서라도 선한 도움을 돌려받게 된다는
것을 체험해 왔습니다.
나에게 도움을 주는 모든 이들에게 은혜를 갚는 길은 나의 도움을 필요로
하는 이에게 그 사랑을 돌려주는 것이라고 나는 믿고 있습니다.

공감

한 사람의 얼굴을 그렸습니다.

사진집 인간시리즈 몇 권 째인가 뒤쪽에 약력과 함께 나온 반명함판 크기
정도의 자그마한 사진을 붙여놓고 목탄으로 세 시간 걸려 완성하였습니다.

사진작가 최민식 님, 만난 적도 없는 분의 얼굴을 그렇게 그렸습니다.

개인전을 준비하며 주제를 표현할 모티브를 찾아 거리로 장터로
돌아다니기를 몇 날 며칠, 화보집과 도록들을 뒤적기기도 또 몇 날 며칠.

그러다가 수년 전에 보았던 선생님의 인간시리즈 사진집이 생각났고
큰 책방에서 손에 넣을 수 있을 만큼 구입해서 습작을 시작했습니다.

6.25전쟁 이후부터 지금까지 사람살이 냄새가 물씬물씬 나는 그 사진들은
제 개인전 주제와도 일맥상통했고, 이 책에도 수록된 목탄 작품 〈인부의 땀〉,
〈행려인 청년〉, 〈향하여 - 여인의 얼굴〉 등은 선생님 사진을 모티브로 삼았던
작품입니다.

사진을 보고 그림을 그렸냐고 누가 뭐라 한다면 인간의 존재성에의 깊은
성찰이 있는, 인생의 기쁨과 슬픔을 탁월하게 구현해낸 참된 걸작품이면
미술이든 소설이든 영화든 사진이든 얼마든지 그에서 모티브를 찾아내어
공유할 수 있는 거라고 답하겠습니다.

또, 우리가 무언인가에 공감을 느낀다는 것은 이미 내부에서 그와 같은
느낌이 움직이고 있어서인 것이라고 말하겠습니다.

우리는 한 편의 시를 읽고 어쩌면 내가 평소 막연히 느끼고 있었던 것을 그렇
게 꼭 집어서 표현해 낼 수 있을까 하여 가슴이 울렁이고 영혼이 떨리던 기억

사진작가 최민식 : 종이에 목탄, 45.5×33.3, 1999년

인생의 기쁨과 슬픔을 탁월하게 구현해 낸 참된 걸작품이면
미술이든 소설이든 영화든 사진이든 얼마든지 그에서 모티브를
찾아내어 공유할 수 있는 거라고…….

을 갖고 있습니다.

그 사진과의 만남은 저의 사람에 대한 시각과 가치관이 많은 이들의 마음에서
공감되어 있는 가치와 맥을 함께하고 있다는 확신을 주었고, 긍지를 느끼며
너무도 반갑고 기꺼웠습니다.

한 번도 만난 적이 없는 최민식 님의 얼굴을 사진을 보고 그리면서
알지 못하는 사람을 그리고 있다기보다 오래 전부터 친분이 있는, 차 한 잔
나누며 속 터놓고 많은 이야기를 나누던, 같은 시대에 같은 민족으로 살고 있
어서 위안이 되는 그런 벗을 그리고 있는 느낌이었습니다.

사실 바로 옆에 있어서 매일 만나면서도 아주 낯선 얼굴을 보는 것과 같은
만남을 우리 모두 겪어 보았습니다.

궁극적으로는 그 누구라도 홀로 이승을 떠나는 순간을 맞이하는 것이기에
책을, 그림을, 사진을, 영화를 통해서라도 영혼 깊이 공감할 수 있는 만남은
너무도 소중한 하느님의 선물인 것입니다.

디자이너 서동호 : 종이에 파스텔, 41.0×31.8, 2001년

21세기 새 천년, 문화의 세기에 어둠의 그늘이 난무하는 문화현상
속에서 복음의 빛, 사랑의 빛으로 물든 문화운동을 일으키자고…….

디자이너의 천국을 꿈꾸며

1997년 1월 지하철 4호선 혜화역.
늘 다니던 문예회관 미술관 쪽 문을 비켜 도로 건너 반대편 문으로 나와
눈 설고 낯선 길과 간판들 사이에서 통신에서 다운 받은 약도를 들고
헤매다가 찾아든 사이버카페.
크지 않은 건물인데도 기적같이 엘리베이터가 있어서 무언가 좋은 일이
있을 것 같은 예감에 긴장했던 몸과 마음이 누그러들었고,
3층으로 올라가 약속한 장소로 들어가니 수녀원에서 살아온 눈길엔
영화 속에서나 본 듯한 실내장식과 카페 안 벽 쪽에 자리잡고 있는 몇 대의
컴퓨터가 마치 외계로 들어온 듯한 생경감까지 안겨 주었습니다.

1996년 여름 컴퓨터를 배우기 시작하면서, 신체 건강한 수녀에 비해
활동영역이 한계가 있기에 신부님의 허락을 받아 시작한 컴퓨터통신 사도직.
카톨릭 동호회와 장애인 동호회에 가입하고는, 나는 그림 그리는 사람이니까
컴퓨터그래픽을 배워야 하는 거 같은데 실었습니다.
못 말리는 적극성을 부추기며 컴퓨터그래픽 동호회에 찾아 들어갔습니다.
대화방에 '웃는 호박수녀' 로 처음 들어간 날, 서동호라는 이름에 마인이라는
아이디를 사용하고 '디자인마인' 이라는 디자인 전문회사를 운영하는
청년과의 첫 만남에서, 과감한 내 성격대로 배우고 싶은 것에 대해 말하고
그가 시삽으로 있는 소모임에도 참가한 후에 수녀원에 와서 내 컴퓨터도 보고
그러자는 약속이 이루어졌습니다.

세 표정 : 캔버스에 유채, 122.7×31.8, 1997년

한겨울 시베리아에서 불어오는 살을 에는 매서운 바람이 부는 날,
지하철을 타고 나타난 침대 휠체어 수녀에게 따뜻한 코코아를 시켜주며 반겨
주었음에도 인터넷카페가 나에게 생경스러운 것처럼 장애인복지 일을 하지
않는 사람들에겐 너무나도 별나 보일 내 모습에도 전혀 스스럼없이 나를
소개하며 모임을 이끌어 가는 첫인상이 좋았습니다.
몇 주 후 수녀원을 방문한 날, 마침 극기하는 날이라서 식사시간에 야채죽
한 그릇밖에 대접할 수 없었음에도 오히려 너무 특이하고 좋았다고 기억하는
서동호 실장.

그렇게 시작된 만남은 문화를 보는 시야를 넓혀주는 개안의 시작이었습니다.
21세기 새 천년, 문화의 세기에 어둠의 그늘이 난무하는 문화현상 속에서
복음의 빛, 사랑의 빛으로 물든 문화운동을 일으키자고 이야기했고, 인터넷에
사람들이 있고 젊은이가 있다면, 거기서 새로운 문화가 형성되고 있다면 바로
그곳이 우리가 예수님과 함께 거닐어야 하는 곳이라는 공감대를 나누어
갔습니다.

그 청년은 참으로 다채롭고 민첩하며 수완이 좋고 목표의식이 뚜렷했습니다.
드높은 이상과 미래에의 설계들을 현실화시킬 수 있는 지식과 추진력을 갖추
었으며, 문화를 통해 각자의 재능을 마음껏 구현하면서 선하고 아름다운
마음들이 함께 온 세상을 아름답게 디자인하며 살아가는 세상을 구현할
미래를, 디자이너들의 천국을 꿈꾸며 자신을 알아주는 이들과 뜻을 모으며
고군분투하고 있었습니다.
그로 인해서 한 중증지체장애인이 학력도 없고 이렇다 할 경력도 없어서
미리 좌절하고 있던 예술적 재능을 마음껏 펼쳐내도록 독려받으면서,
오직 그림 그리는 실력 하나로 우리나라의 모든 미술학도들이 선망하는
예술의전당에서 개인전을 여는 성취를 이끌어 내게 되었습니다.

수녀회 창립 1기로 수련을 시작한 후 종신서원할 때까지 모든 목표를 오직
거기에 초점을 맞추고 달려왔기에 신부님께 개인전을 허락받고도 정작 붓을
손에 잡기가 힘들었습니다.
물감 색깔 이름조차 잊어버린 자신에게 망연자실하여 갈피를 못 잡고 있을

때, 서동호 실장은 내 작업 장소에 매일 드나들면서 하얀 캔버스를 앞에 놓고
머리에 쥐가 나도록 막막해서 수도자답지 못하게 쏟아내던 내 투덜거림을
묵묵히 다 들어주었습니다. 또, 머리를 식히기도 해야 한다며 자신의 회사
직원들 MT에 초대하여 바닷가로, 계곡으로, 미술관으로, 영화관으로 무거운
침대휠체어를 밀고 끌고 떠메면서 작품 주제를 위한 영감을 잡아낼 때까지
바람을 일으키며 다녀 주었습니다.

모두를 힘들게 하는 내 몸이 미안해 수시로 감사하다고 하는 인사에
함께 삶의 기쁨이라면서 뭔 말이냐고 핀잔하며 마음 편하게 해주었습니다.
예술의전당에서 전시회를 성공적으로 이루기 위해 전시기획, 이미지 설정,
대외홍보 등을 모두 맡아 큰 성황을 이루게 해준, 일 머리를 아는
프로페셔널한 전문인.
그와 함께 작은예수회 선교와 장애인복지운동 홍보작업을 하고
작은예수 캐릭터와 신부님의 캐릭터를 제작해서 인터넷에 홈페이지를
개설하여 올렸습니다.

수녀회가 이제 막 시작되어 잘 알려지지 않았기에 수녀회에 들어올
젊은이에게 어필할 만한 이미지 통합과 캐릭터포스터 작업을 하여
수녀회 홈페이지를 띄우고, 장애인의 삶의 질을 높이기 위한 문화행사를
기획하고 개최해 가면서 내가 수녀가 되어 장애인을 위해 해야 할 일이
무엇인가, 어렴풋하던 갈망의 윤곽이 뚜렷해져 갔습니다.
특수교육을 받아도 사회 안에서는 재활할 수 없을 중증이어서 보호시설이
필요한 장애인들을 위한 작은예수회의 한국형 장애인가정 소공동체 운동도
더욱 적극적으로 펼쳐 갔습니다.
더불어, 예술적 재능은 있으나 주위 여건이 뒷받침 안 되는 장애인을
한 사람의 전문인으로 가르쳐 사회의 당당한 일원으로 설 수 있게 만드는

장애인예술학교를 세우고 싶다는 꿈도 피어오르기 시작했습니다.

그것이 혼자서는 할 수 없는 일임을 압니다.
그러나 미리 걱정하지 않습니다.

이 시대 젊은이의 샤프한 감각, 무스와 향수를 즐겨 쓰는 멋스러움과
규정지을 수 없는 개성이 엿보이는 강렬한 눈빛, 그러면서도 인간의 성선설을
믿는 종교심을 지니고 있고 사회복지에 기여하고자 하는 포부를 품고 있는
그를 만나서 문화사업에의 길을 함께 걷게 해주신 하느님을 체험했기에,
내 한 생애 고비고비에서 함께 일할 사람을 앞날에도 예비하고 계실 것을
믿기에, 마음을 다해 기도하며 준비하고 있을 뿐입니다.

앞으로도 나는 누군가 또 한 사람을, 그때에 꼭 곁에 함께 있을 한 사람을
만날 것입니다.
그가 살아온 생애가 어떠한지 무슨 일을 하는 사람인지 아직 모릅니다.
그러나 참으로 나와 너, 우리가 만나는 바로 그 순간순간들에서 서로에게
최선의 존재가 되고자 할 때 밤하늘이 캄캄할수록 더욱 밝게 반짝이는
별빛처럼 보석같이 찬연한 결실이 맺혀짐을 보십시오!
우리, 함께, 그렇게 사는 세상을 향해 꿈꾸는 것을 멈추지 말고
어떤 장애물에도 포기하지 말고 손을 내밀어 마음을 모으면 어느새 꿈이
이루어져 가는 것을 보게 되리라 믿습니다.

얼굴 - 법대생 김광이 : 종이에 목탄, 45.5×33.3,
1999년

얼굴 - 모델 이면경 : 종이에 목탄, 45.5×33.3,
1999년

사람의 얼굴을 그리며 사람살이의 또 하나의 지혜를 터득한
감동의 여파가, 새벽빛이 창문을 밝혀 오기까지 캔버스 앞에서
붓을 잡고 있게 했습니다.

사람의 얼굴을 그리며

'사람이 좋아 사람을 창조하신 하느님.'

개인전을 준비하며 이 주제를 잡고는 주위 사람들의 얼굴을 그리기
시작했습니다.
내가 만난 모든 사람들 안에 머무는 하느님의 빛을 표현하고 싶었습니다.
어느 누군가를 대상으로 그릴 때 보여지는 그대로의 모습을 그리고자 눈과
손이 보여 주는 대로 붓이 가도록 두어두다 보면 서너 시간 후 대상의 내면의
빛이 절묘하게 표현되어진 그림 한 장이 나타납니다.
그런데 누군가를 그리며 잘 그려야지, 예쁘게 그려야지, 그 사람은
이러저러한 사람인데 하는 부담감이 내 마음에 가득 차게 되면 결과는
무언가가 겉도는 헛수고의 그림이 되고 맙니다.

우리가 누군가를 만날 때, 그의 모습 그대로만을 브며 만난다면 하고 생각해
보았습니다.
그가 전에는 어떠했었고, 지금은 어떠하니까 라든가 어떤 일을 하는 사람이니
어떤 유형일 것이라든가 하는 선입견 없이 지금 만나고 있는 순간의 그만을
볼 수 있다면, 그의 현재의 참 인격과 나의 지금의 참 인격이 교감되는 둘이며
하나일 수 있는 격의없는 일치의 만남이 이루어질 것입니다.
그러므로 함께 살아가는 이 세상에 지음받은 너와 나는 우리라는 이름으로
빛을 발하게 될 것입니다. 규정된 이미지과 고정관념의 틀에 갇혀서 오히려
스스로를 소외시키며 겉도는 갖가지 막힌 가치관들이 충돌을 일으키고 있는

막막한 세상의 짙은 어둠을 밝히는 빛을 발하게 될 것입니다.

사람의 얼굴을 그리며 사람살이의 또 하나의 지혜를 터득한 감동의 여파가
그 날 밤늦도록, 새벽빛이 창문을 밝혀 오기까지 캔버스 앞에서 붓을 잡고
있게 했습니다.

찬밥 아저씨

몇 해 전 초겨울.
싸늘해진 바람결에 수녀회 대문이 덜컹거리는 소리가 쓸쓸하던 저녁 무렵.
저녁 식탁에 모두 함께 둘러앉아 막 식사를 시작하려 할 때 초인종이
울렸습니다.
수녀 한 분이 나가보니 남루한 옷차림의 젊은이가 어눌한 목소리로
"찬밥 좀 주세요" 하며 낡은 빈 깡통을 내밀었습니다.
'아니 요즘도 거지가 있나?'
외출했던 수녀인가 보다 하고 무심히 문을 열었던 수녀는 당황함과 경계심을
느끼며 얼떨결에 밥을 담고 반찬을 따로 그릇에 담아 내어갔습니다.
그러나 청년은, "아니요. 찬밥만 주세요. 반찬은 필요 없어요" 했습니다.
"그래도 담은 반찬이니 드세요" 하는 말에
마지못한 듯 "그럼 소금만 조금 주세요" 하며 반찬 접시를 도로 내놓는 것이
었습니다.
너무 오랜만에 보는 거지청년에 약간의 두려움을 느끼고 있었던 수녀는 얼른
소금을 가져다 주고 대문을 닫았습니다.
그 다음날부터 청년은 어김없이 저녁식사 시간에 초인종을 누르고 찬밥과
소금을 청했습니다. 더운밥을 주면 "아이들이 굶어 죽어가서 안돼요" 하고
뜻 모를 소리를 했습니다.

크고 둥근 눈, 콧날이 선 코, 알맞은 키, 균형잡힌 쳬격, 이국적인 용모를
지녔는데, 아무리 많이 봐도 서른 살은 안 넘은 젊은인데 그 마음 안에 무슨

찬밥 아저씨(사진작가 최민식 사진집에서) : 종이에 목탄, 25.8×16.0, 1999년

그 청년의 삶이 다시 제 궤도를 찾아 사회의 일원으로
살아갈 수 있으려면 무엇을, 어떻게 해야 할까?

일이 있었던 걸까. 거리에서 잠을 자고, 밥을 빌어먹게 되기까지 그의
인간성을 무너뜨린 것은 무엇일까.
모든 수녀들의 지대한 관심 속에 '찬밥 아저씨' 란 이름이 붙여지고 저녁식사
때면 은근히 초인종 소리를 기다리게 된 지 두어 달.
만둣국이나 비빔밥 등의 별식으로 끈기있게 파상공세를 벌인 끝에 찬밥과
소금만을 완강히 고집하던 그 청년은 더운밥과 김치도 받아갈 정도가
되었습니다.

다음해 어느 봄날 수녀들 중에 사교적이고 말발(?)이 제일 센 나이 많은
수녀가 그 사람과 정식으로 대면했습니다.
"신체가 건강한데 그냥 밥을 얻어먹는 것보다는 우리 집 앞을 청소해주면 참
기쁘겠어요. 그리고 점심도 먹으러 오기를 바랍니다."
하고 간곡히 애기하고 빗자루와 쓰레받기를 안겨 즈었습니다.
그 사람은 의외로 깔끔했습니다. 부슬부슬 보슬비가 내리는 날에도 물을
뿌리며 청소를 하는 행동을 보이기는 했지만, 우리 집 앞뿐 아니라 항상
이 집 저 집에서 내놓은 쓰레기로 너저분하던 골목길이 말끔히
깨끗해졌습니다.

1년이 지나서는 어디서 구했는지 반찬 그릇이 여러 개 들어 있는 큼직한
도시락 통을 가져오고, 우리 모두는 누구도 아깝다는 내색 없이 고기든
과일이든 그날의 식단대로 골고루 반찬을 담아주며 '찬밥 아저씨' 의 음식에
대한 거부감이 치유된 것을 하느님께 감사했습니다.
처음엔 우리가 불러 빗자루를 주어야만 청소하더니 나중엔 스스로 초인종을
눌러 빗자루를 달라고 하여 몇 시간이고 걸려서 온 골목길을 청소하고는
큼직한 도시락 통을 내밀며 당당히 밥을 달라고 요구합니다.

그 청년의 삶이 다시 제 궤도를 찾아 사회의 일원으로 살아갈 수 있으려면
무엇을, 어떻게 해야 할까?
우리는 모두 한 가지씩 의견을 제시해 가며 우리 사회의 행려인, 노숙자,
구조조정으로 졸지에 실업자가 된 이들과 그 가족들에 대해 보다 많은 기도와
실천적 행동이 있어야 함을 서로 일깨우게 되었습니다.
이러한 우리의 사랑의 관심으로 해서 언젠가 '찬밥 아저씨' 가 자신의
일자리를 갖게 되고 삶의 보금자리를 다시 만들어 가게 될 것이라는 소망을
품고 우리 수녀들은 식사 때가 되면 초인종 소리에 마음을 모았습니다.

땀을 흘리는 축복

땀이 난다는 것은 축복입니다!

땀 흘려 무엇인가 한 후 얼굴과 온몸에 흘러내리는 땀을 씻으며 시원한
찬물 한 그릇으로 목을 축일 때의 그 홀가분한 상쾌함은 살아 있음에 대한
생생한 충만함을 느끼게 합니다.
우리는 땀에 대해서 숨 쉬는 공기처럼 무심합니다. 여름이 더우니까 땀이
나는구나, 힘겨운 일을 했더니 땀이 나서 라고 생각하기도 합니다.
하지만 땀을 흘린다는 것은 몸에 열기가 올라가 체온이 위험수위로 올라가지
않도록 열기를 발산시켜 정상체온을 유지하게 하고 몸속에 필요 없는
노폐물을 깨끗이 씻어주기도 하는 하느님이 배려한 생명유지 장치인
것입니다.

5년 전에 만났던 한 항공사의 비행기 조종사는 유난히 땀을 많이 흘리는
체질이라 살아가며 너무도 성가신 일이 많았다 합니다. 그래서 땀 안 나게
하는 약을 먹고 꿈에 그리던 대로 땀을 안 흘리게 되었는데, 그 후로 비행중
고도가 조금만 높이 올라가도 현기증과 메스꺼움, 호흡곤란이 오고,
조금만 긴장된 상황에서도 똑같은 증상이 생겨서 조종사 업무를 수행할 수
없게 되었답니다.
결국 백방으로 노력하여 다시 땀을 많이 흘리는 원래의 체질로 되돌리자
그 증상들이 없어지고 다시 조종사 직업에 복귀할 수 있었습니다.
2년 전에 만난 한 컴퓨터디자이너 청년은 땀이 잘 안 나는 체질인데,

인부(사진작가 최민식 사진집에서) : 종이에 목탄, 25.8×16.0, 1999년

진정 땀을 흘린다는 것은 축복입니다.
문득 되새겨봅니다. 지난 시간 나는 무엇을 위해 어떻게 땀을 흘려 왔는가?
지금은 나는 누구를 위해 왜 땀을 흘리고 있는가?
앞으로 남은 세월 동안은……

열 살 무렵 어느 초겨울 감기몸살로 고열이 오르기 시작했으나 땀을 흘려
열을 발산하지 못해 생명이 위험한 지경에 이르렀답니다.
결국 병원에 가서 온몸에 알코올을 바르며 고열을 발산시키기를 여러 번
한 후 위기를 넘길 수 있었다고 합니다.

진정 땀을 흘린다는 것은 축복입니다.
땀 흘려 일할 수 있는 일터가 있다는 것으로도, 땀 흘려 땅 갈고 열매 맺어
수확한 과일과 곡식을 먹을 수 있다는 것으로도, 땀 흘려 산을 타고 강을
거스를 수 있는 건강한 신체가 있다는 것으로도, 아니 신체에 장애가 있다
해도 땀 흘려 그 생에 부여된 악조건을 딛고 자신의 삶을 충실히 꾸려갈
의지가 있다는 것만으로도…….
문득 되새겨봅니다.
지난 시간 나는 무엇을 위해 어떻게 땀을 흘려 왔는가?
지금은 나는 누구를 위해 왜 땀을 흘리고 있는가?
앞으로 남은 세월 동안은…….

언젠가 이 세상에서의 육의 생을 마무리하기 위해 숨을 몰아쉬며 마지막 땀을
흘릴 순간도 있을 것입니다.
평생 땀 흘려 일하며 사랑하며 살아온 나날들을 되새기며 작은 미소를 입가에
남기고 숨을 거둘 수 있는 나와 너 그리고 우리이기를 기도하는 마음입니다.

결실 1 : 캔버스에 유채, 53.0×45.5, 1985년

……세상과 같은 시각이 아니면 시대에 맞지 않아서 왕따될 듯싶은
몰리는 느낌으로 너도나도 열매를 보고도 나무를 알 수 없는 가치전도 속에
살고 있지나 않은지요?

열매를 보면 나무를 알 수 있다

결실과 수확의 계절…….
봄부터 꽃가루를 손보고 새와 해충으로부터 보호하며 비가 오나 햇살이
따가우나 온몸이 땀에 흠뻑 젖어가며 정성을 다하여 가꾸어 온 결과의 열매를
거두어 달콤한 맛을 누리는 9월의 논과 밭.
창조의 순리를 따라 사는 삶을 새삼 일깨워주는 자연의 섭리가 눈부신
계절입니다.
밤이 열리는 곳은 밤나무이고,
사과가 열리는 곳은 사과나무이고,
포도가 열리는 곳을 포도나무인 것을…….

그런데 요즈음은 유전공학인지 하는 것으로 해서 토마토를 따는 줄기 아래
뿌리에선 감자를 캘 수도 있다고 합니다.
시절이 하수상타 보니 사람살이도 이렇게 되면 어쩌나 하는 염려를 해봅니
다.
근면한 사람은 그 근면함으로 차근차근 미래를 다져 가고,
겸손한 사람은 그 겸손함으로 주위를 편하게 하며 인덕을 쌓아 가고,
착한 사람은 그 착함으로 서로 양보하며 더불어 함께 사는 세상의 중추적
몫으로 인정받을 수 있어야 합니다.
잘난 척 하는 사람은 그 경박함으로 실수를 거듭하면서 겸허함을 배우고,
이기적인 사람은 탐욕스런 소유의 결과인 허망함 속에서 이웃사랑의
소중함을 깨달아야 합니다.

그러해야 마땅하고 또 수천 년 그리 살아왔던 우리네들인데…….
열매를 보면 나무를 알 수 있게 살아왔던 우리네들인데…….

요즈음 사람살이는 근면함이 미련함처럼 간주되어 갑니다.
겸손함은 내숭떠는 위선으로 매도되고, 착한 사람은 세상을 살 수 없을
바보짓이나 하는 문제아로 취급당합니다.
잘난 척을 잘하는 것이 자기알림을 잘하는 것이며 솔직하고 확실한 사람으로
신뢰받고, 있는 대로, 아니 있지 않으면 그래서 더더욱 호언장담들을
늘어놓습니다.
착한 사람 아닌 영악하게 내 것만을 똑 부러지게 챙길 줄 아는 사람이 되자고
매일 마음을 다지고 전투력을 키워 갑니다.

우리 모두 뭔가 좀 이상한 것 같다고 느끼면서도,
세상과 같은 시각이 아니면 시대에 맞지 않아서 왕따될 듯싶은 몰리는
느낌으로 너도나도 열매를 보고도 나무를 알 수 없는 가치전도 속에 살고
있지나 않은지요?
무더위에 시달리어 무기력했던 몸과 마음이 아침저녁 선선해지는
가을 날씨에 차분해져 가는 사색의 계절이 다가오기에 한번쯤 내 삶이 서
있는 자리를 둘러보기를 권유해 봅니다.
우리네 심성 안에 하느님께서 심어 놓으신 선한 것을 인지하고 추구하도록
하는 능력인 양심의 소리에 귀 기울이며 서로서로를 일깨우며 부추기며 함께
세상을 살아가노라면, 열매를 보고 나무를 알 수 있는 그런 올바른 빛이 있는
사회를 결코 놓치지는 않으리라고 믿습니다.

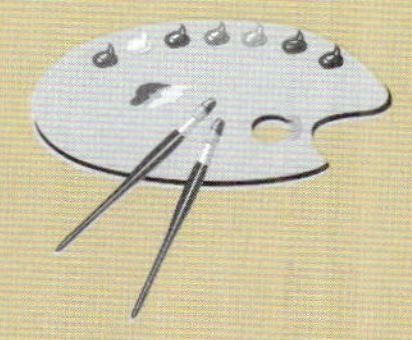

제3장 _ 사람이 좋아 사람을 창조하신 하느님

하느님은 사람을 당신 모습을 닮게 창조하시고
그냥 '보시니 좋았다' 고만 하신 것이 아니라
사람의 구원을 위해 사람의 몸을 취하여 사람으로 사셨을 만큼
사람을 사랑하셨습니다.

하느님의 모습대로 사람을 지어내시되
남자와 여자로 지어내시고 그들에게 복을 내려주시며
자식을 낳아 번성하여 온 땅에 퍼져서……(창세기 1장 27~28절)

영의 태양 : 캔버스에 유채, 162.0 × 138.3, 1999년

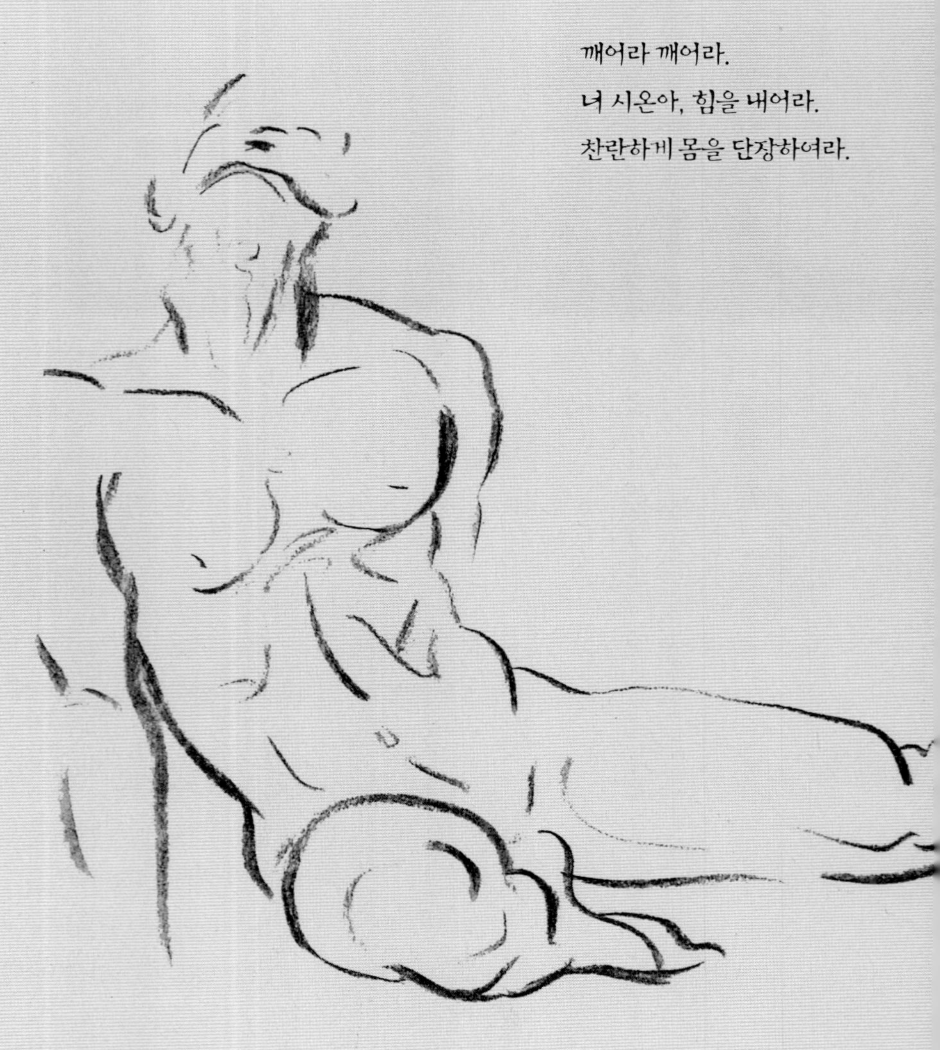

크로키 모음 1 : 종이에 강성목탄, 41.0×31.8, 1999 ~ 2000년 (이면 계속)

당신은 모든 것을 창조하셨고 만물은 당신께 의해 생겨났고 또 존재하나이다.

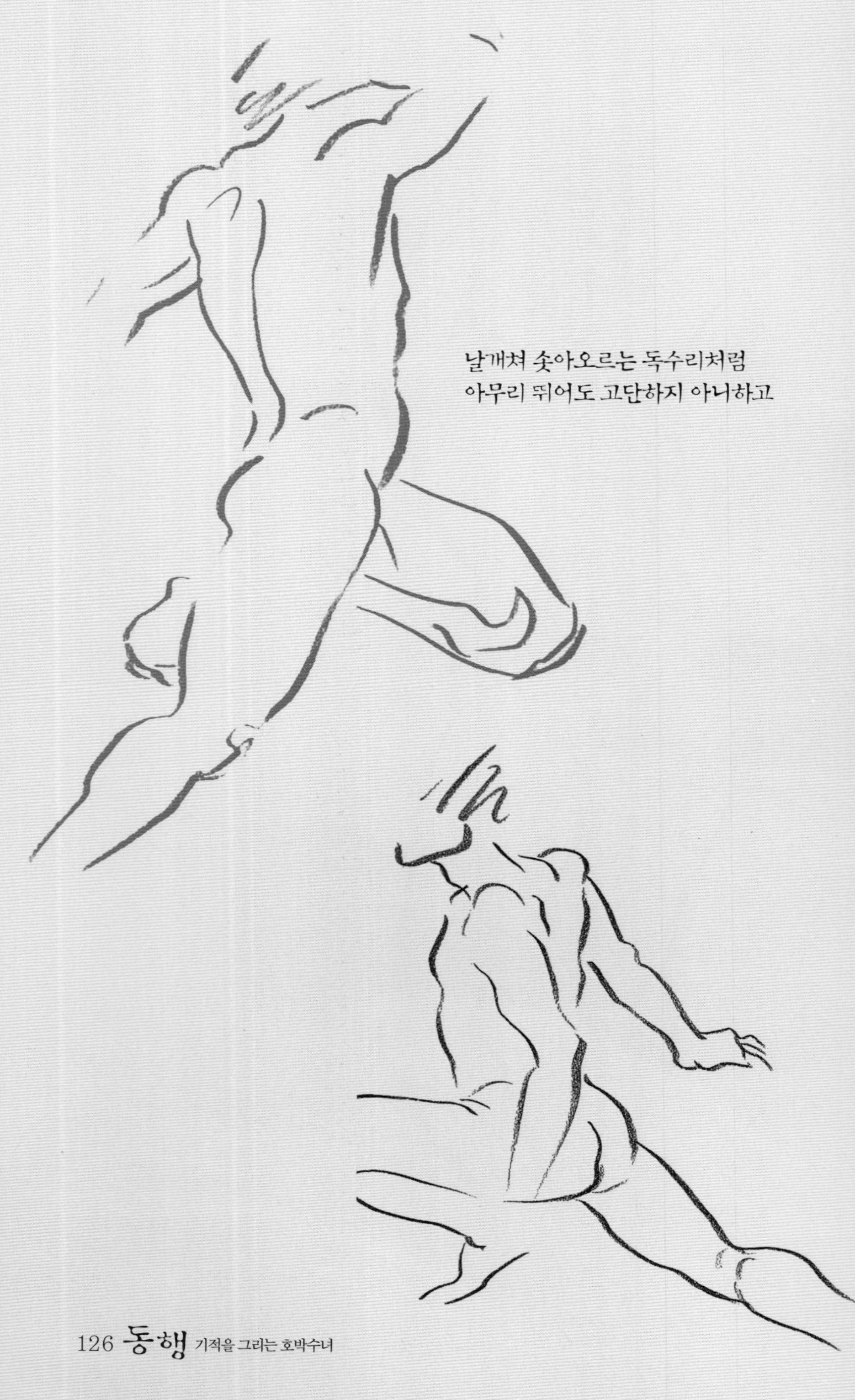

날개쳐 솟아오르는 독수리처럼
아무리 뛰어도 고단하지 아니하고

뼈마디가 새로 돋은 풀잎처럼 싱싱하게 되리라.

감사를 드리기 위해 해뜨기 전에 일어나

하느님, 나를 지켜주소서. 이 몸은 당신께로 피합니다.

쓰라린 이 아픔을 언제까지
견디어야 합니까?

씨를 뿌려서 추수하고 포도밭을 가꾸어 열매를 먹으리라.

사람이 무엇이기에 이토록
생각해 주시며 보살펴 주십니까?

사람은 나에게서 용기를 얻고
생명의 숨결을 받는다.

당신을 향하여 두 손을 펴들고 내 영혼 마른 땅처럼 당신 그리나이다.

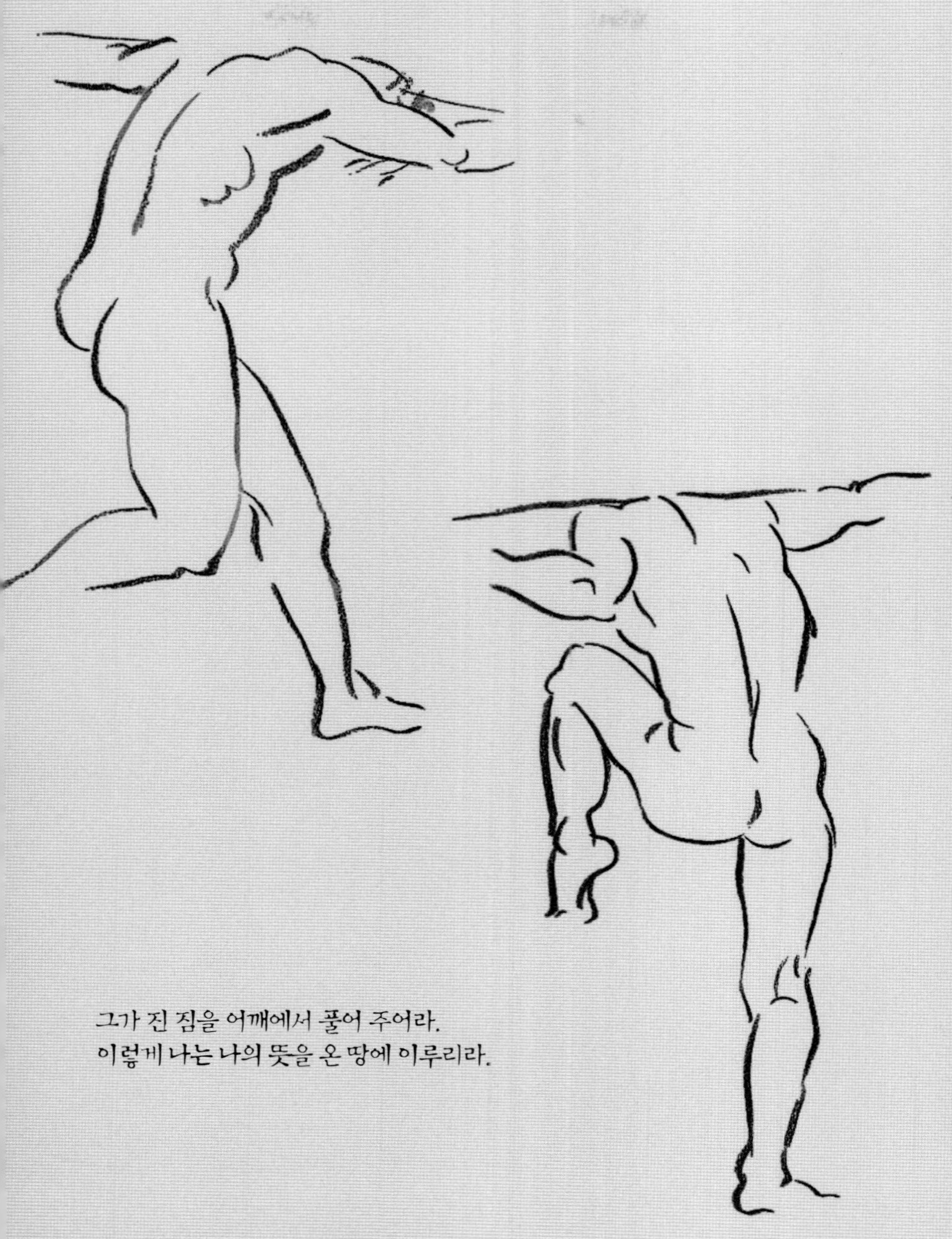

그가 진 짐을 어깨에서 풀어 주어라.
이렇게 나는 나의 뜻을 온 땅에 이루리라.

당신의 한결같은 사랑만을 쳐다보면서 살았습니다.

뼈마디마다 당신께 숨겨진 것 하나도 없습니다.

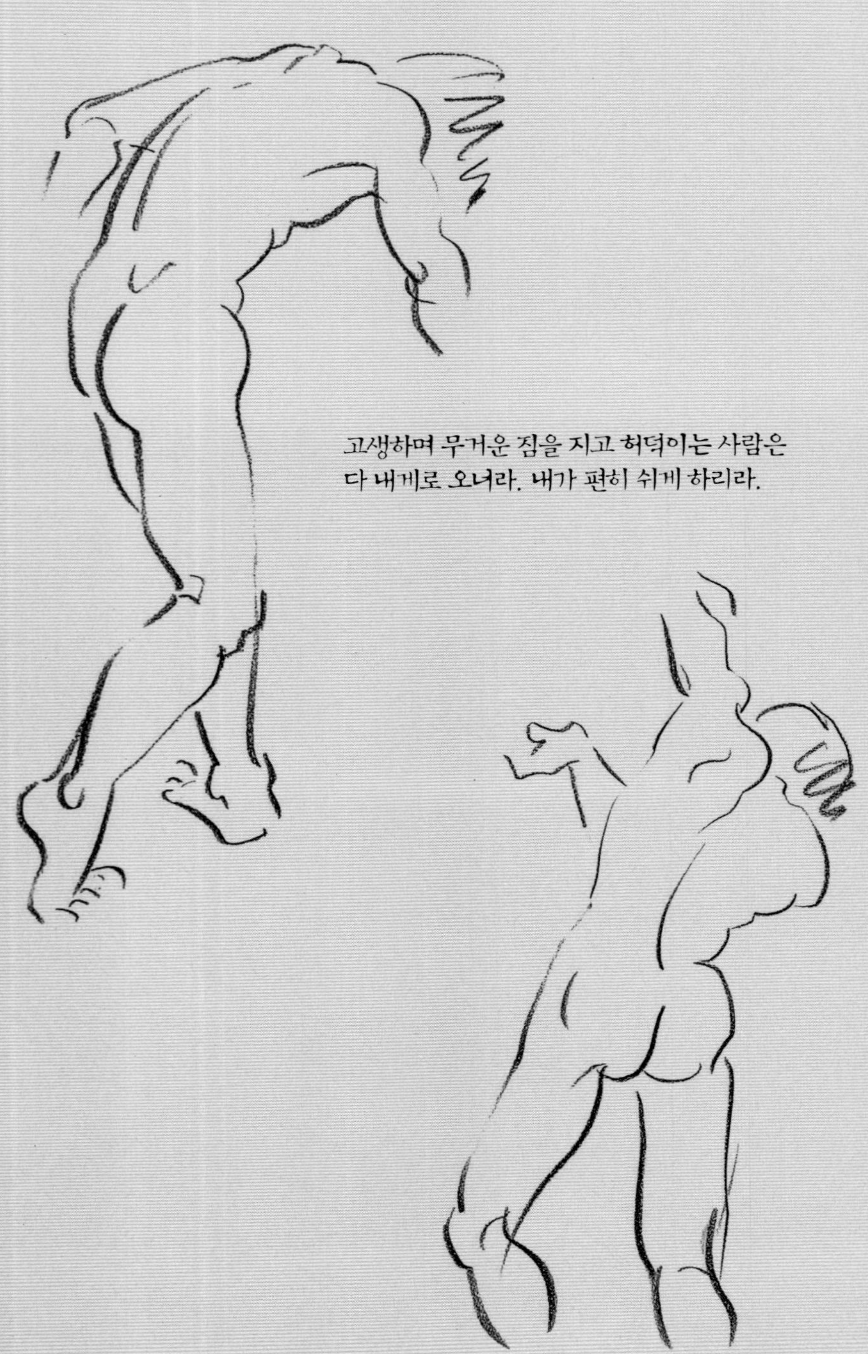

고생하며 무거운 짐을 지고 허덕이는 사람은
다 내게로 오너라. 내가 편히 쉬게 하리라.

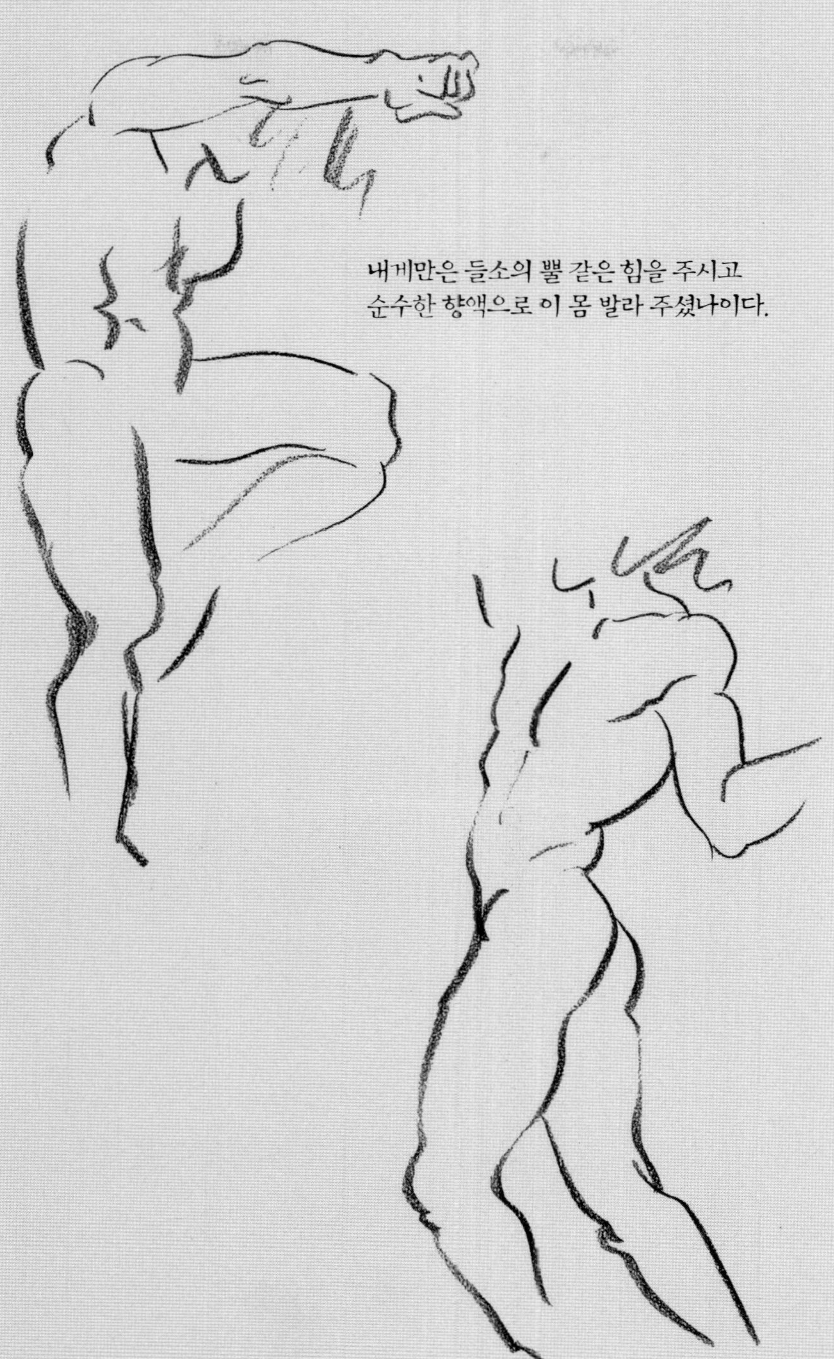

내 뿔만은 들소의 뿔 같은 힘을 주시고
순수한 향액으로 이 몸 발라 주셨나이다.

내 마음 즐겁고 영혼은 봄 놀고
육신마저 편안히 쉬오리니.

이른 아침부터 채비 차리고
애틋이 기다리는 이 몸이오이다.

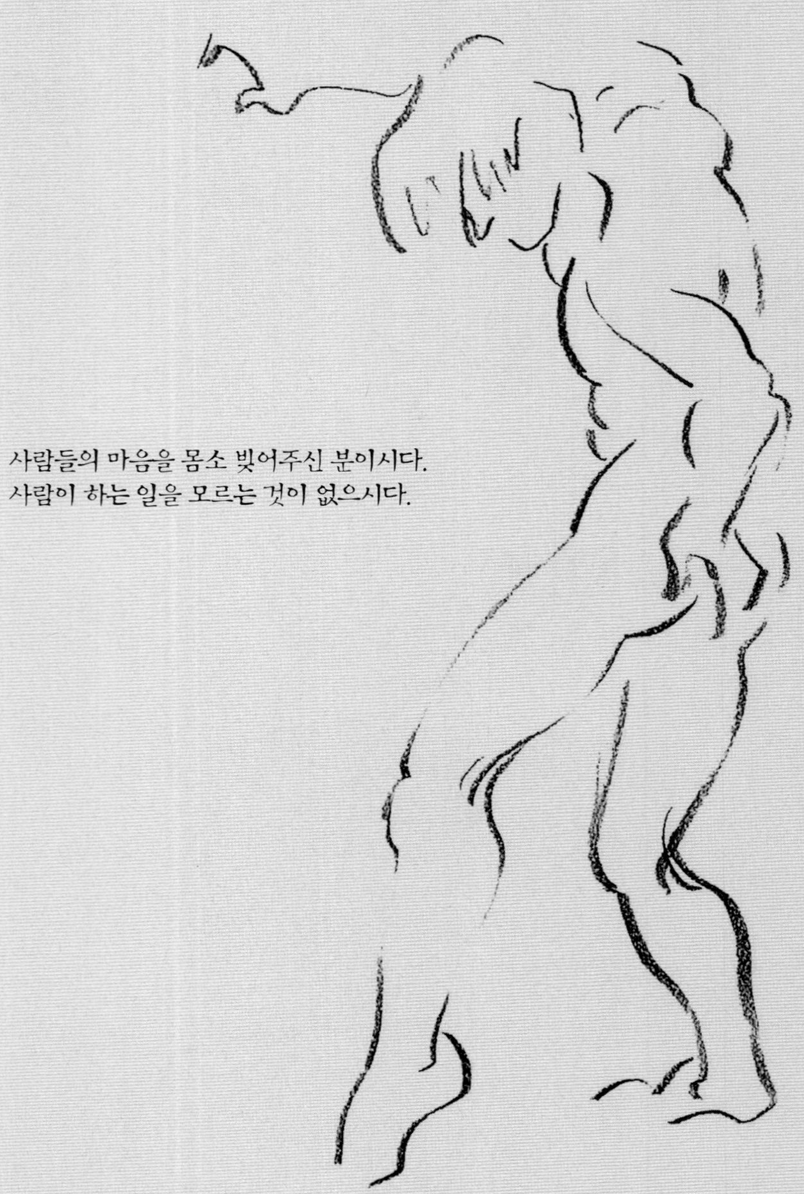

사람들의 마음을 몸소 빚어주신 분이시다.
사람이 하는 일을 모르는 것이 없으시다.

너희는 무엇을 먹고 마시며 살아갈까. 또 몸에는 무엇을 걸칠까 하고
걱정하지 말아라. 목숨이 음식보다 소중하지 않느냐?
또 몸이 옷보다 소중하지 않느냐?

사람을 사랑하신 하느님

하느님은 사람을 당신 모습을 닮게 창조하시고
그냥 '보시니 좋았다' 고만 하신 것이 아니라
사람의 구원을 위해 사람의 몸을 취하여 사람으로 사셨을 만큼
사람을 사랑하셨습니다.
털가죽과 날카로운 이빨과 발톱으로 무장된 동물과 달리
벌거숭이의 유약한 존재로 창조된 사람은
내적으로 이성과 영혼으로 드높여져 있습니다.

사람의 몸은 우주만물의 모든 것을 담고 있습니다.
사람의 몸은 거룩한 영이 머무는 가장 고귀한 성전입니다.
사람의 얼굴은 영혼의 색깔이 빛나는 가장 아름다운 창입니다.
남성의 몸은 삶의 무게가 두 어깨에 얹혀진 버팀목,
여성의 몸은 구원의 빛을 품고 있는 생명의 고리.
우리 몸이 가장 안식을 느끼는 가정공동체는
우리 영혼에게 진정한 평화를 주는 낙원입니다.

육체를 홀대해서는 안 됩니다.
죄는 육체만이 아닌 인간 전체에 있는 것입니다.
죄의 구속과 구원은
인간 전체를 아우르는 은총입니다.
사람이 죽은 후 부활할 때엔 몸도 함께 부활하는 것입니다.

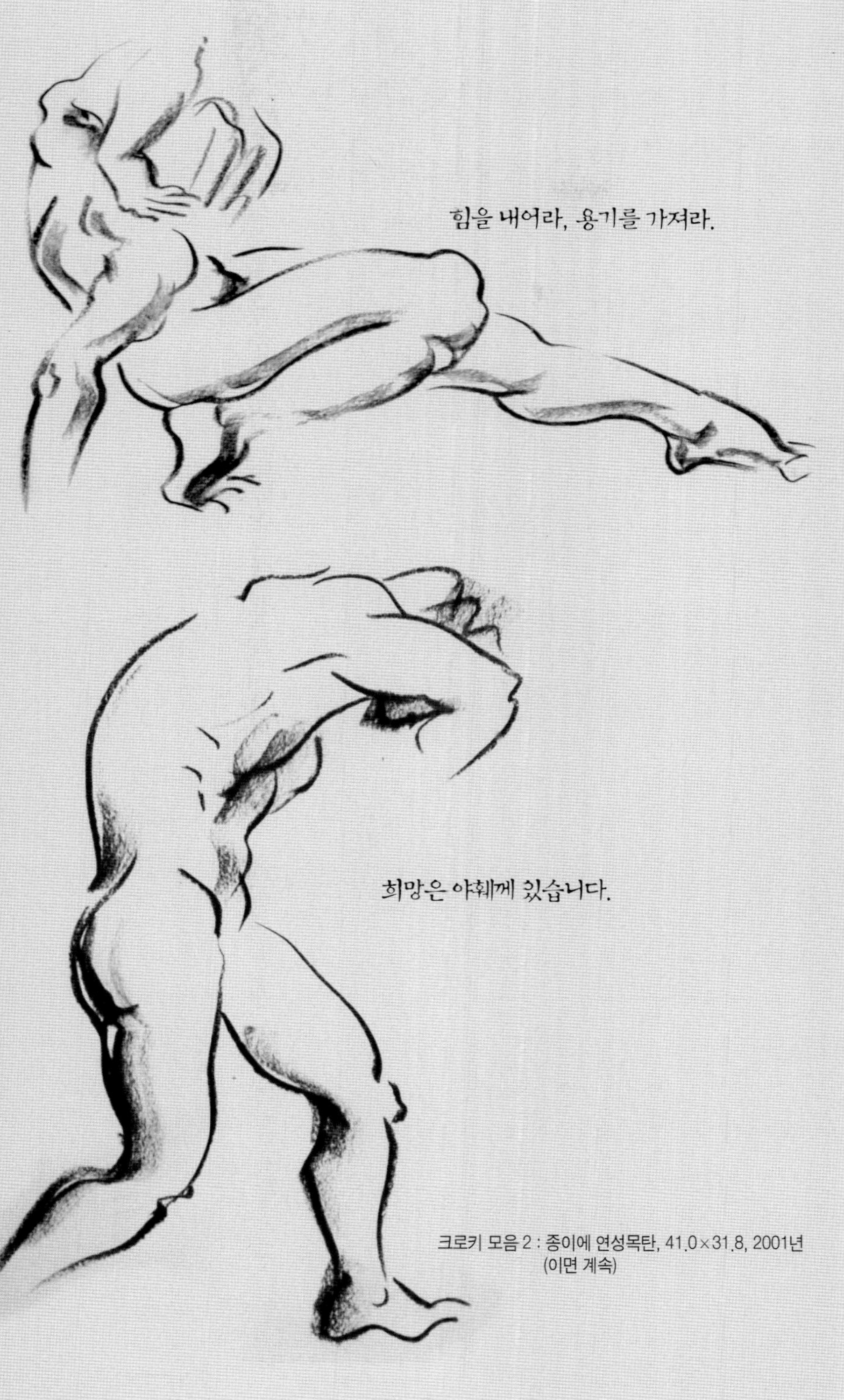

크로키 모음 2 : 종이에 연성목탄, 41.0×31.8, 2001년
(이면 계속)

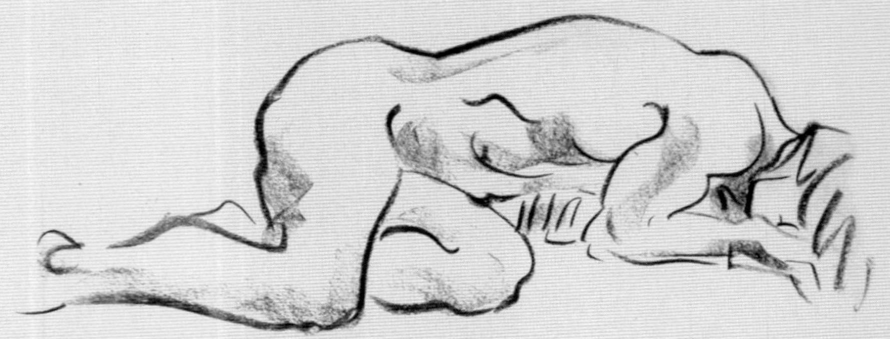

땅에 엎드려 성공을 가져다주신 하늘을 경배하며

땅을 짚으며
무릎을 꿇고 일어나

마음과 정성을 다하여 성실히 살아간다면

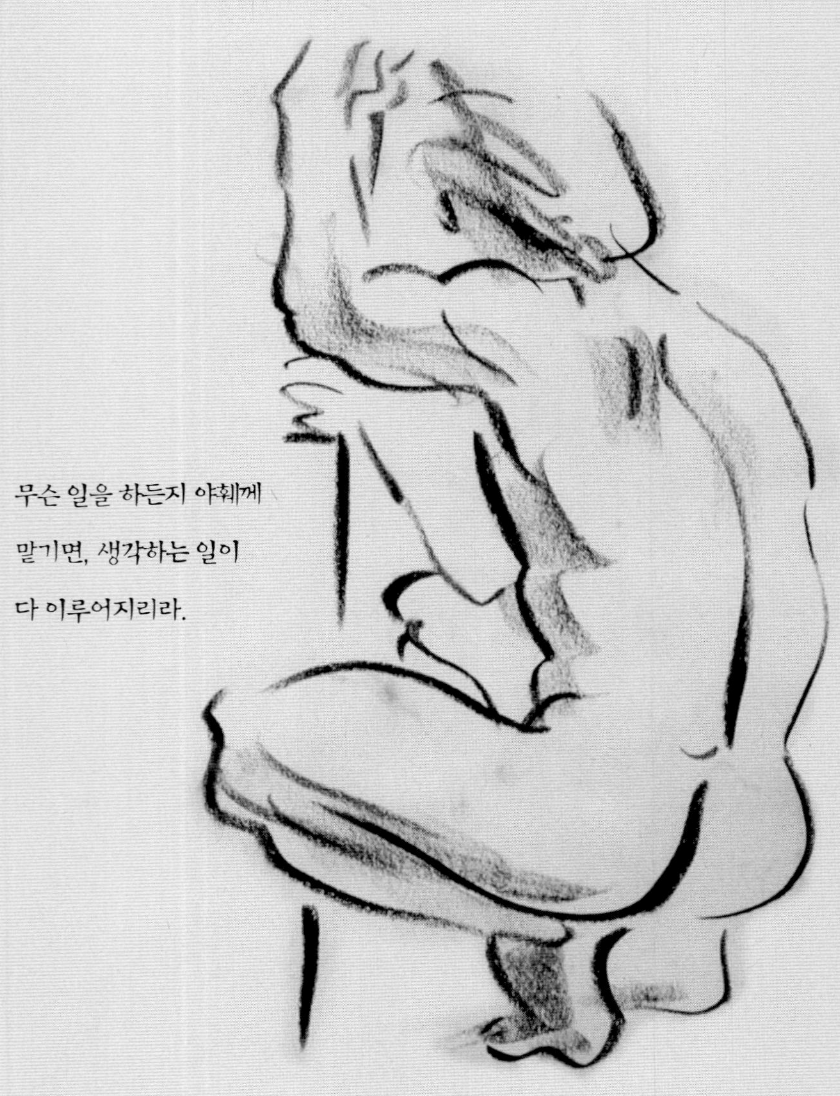

무슨 일을 하든지 야훼께
맡기면, 생각하는 일이
다 이루어지리라.

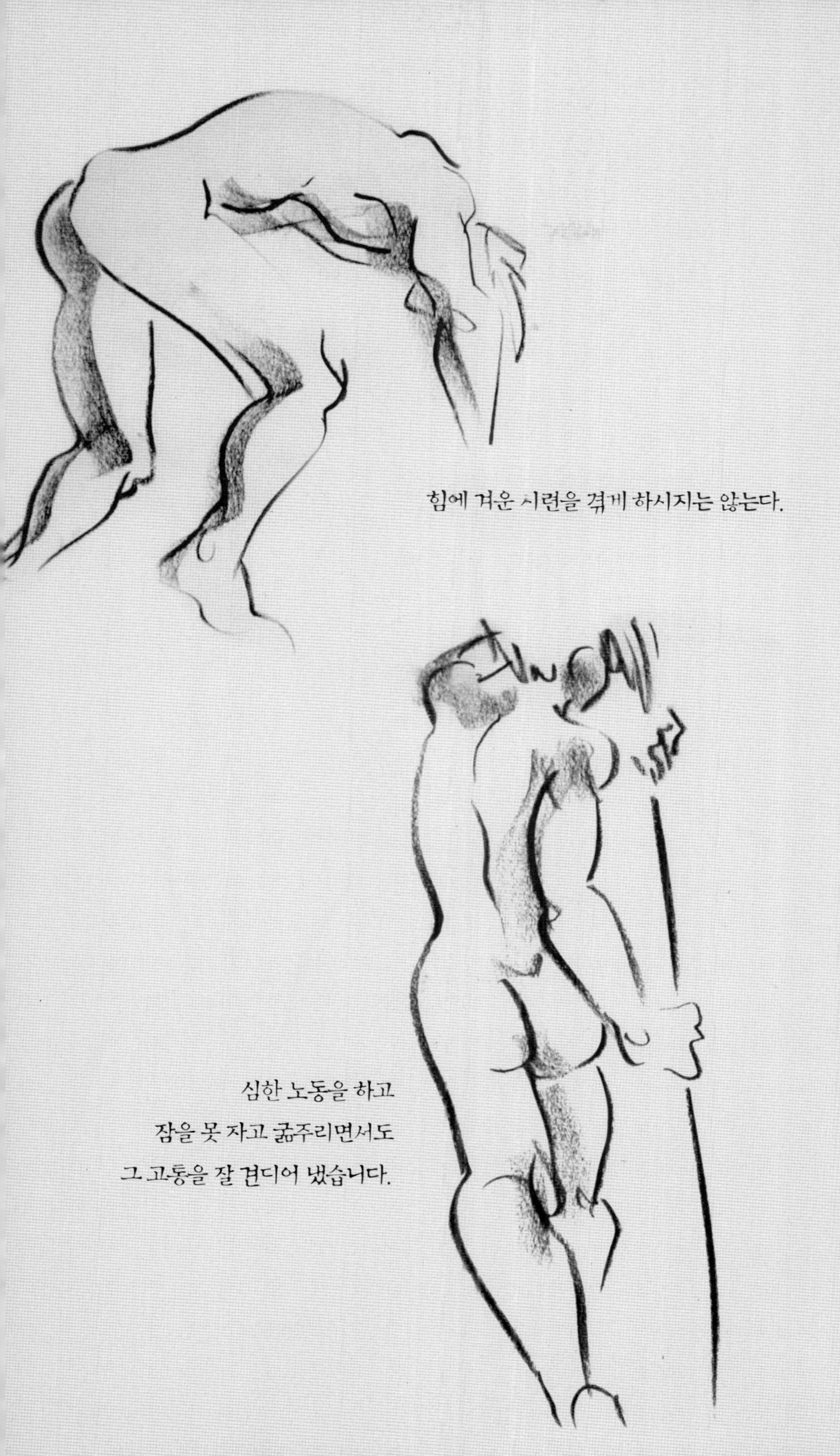

힘에 겨운 시련을 겪게 하시지는 않는다.

심한 노동을 하고
잠을 못 자고 굶주리면서도
그 고통을 잘 견디어 냈습니다.

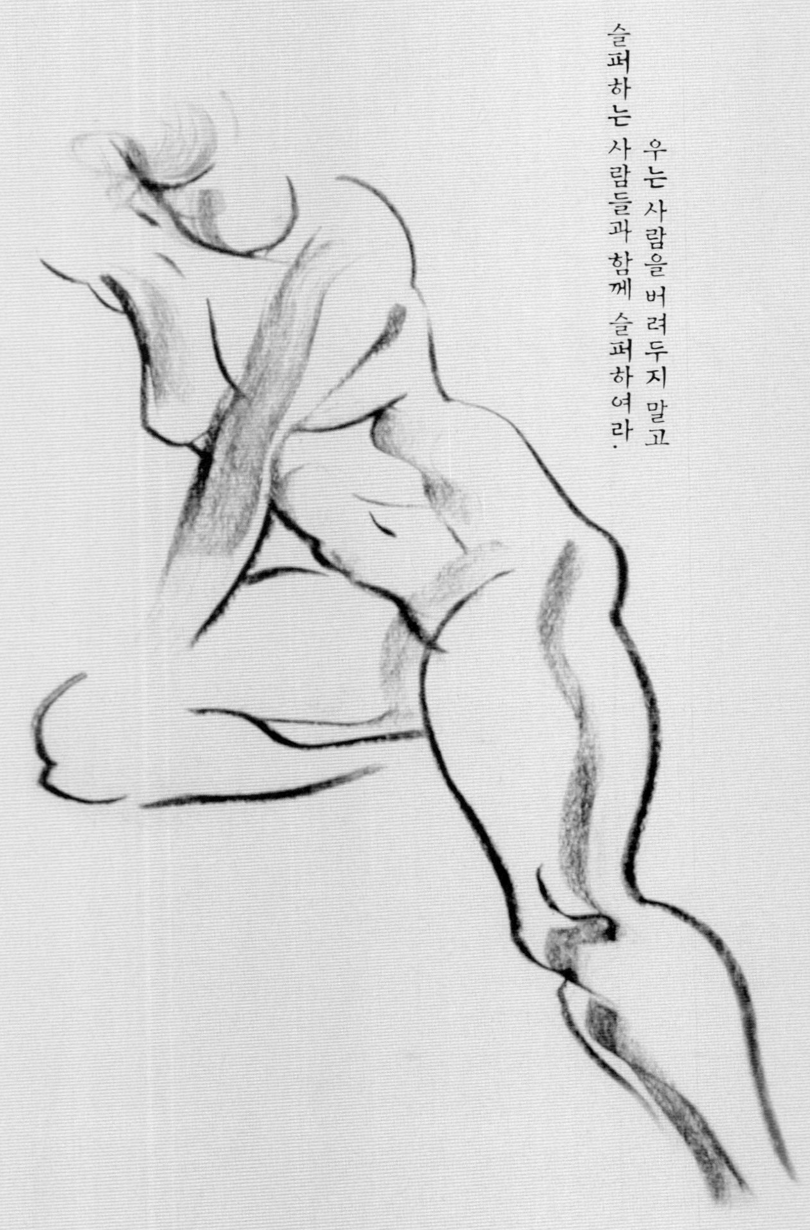

우는 사람을 버려두지 말고
슬퍼하는 사람들과 함께 슬퍼하여라.

마음에서 찬양이
울려 퍼지게 하여라.

힘과 슬기가
그에게서 나오나니.

크로키 모음 3 : 한지에 먹, 41.0×31.8, 2001년
(이면 계속)

땅에 농사짓고
과수도 가꾸게 하셨다.

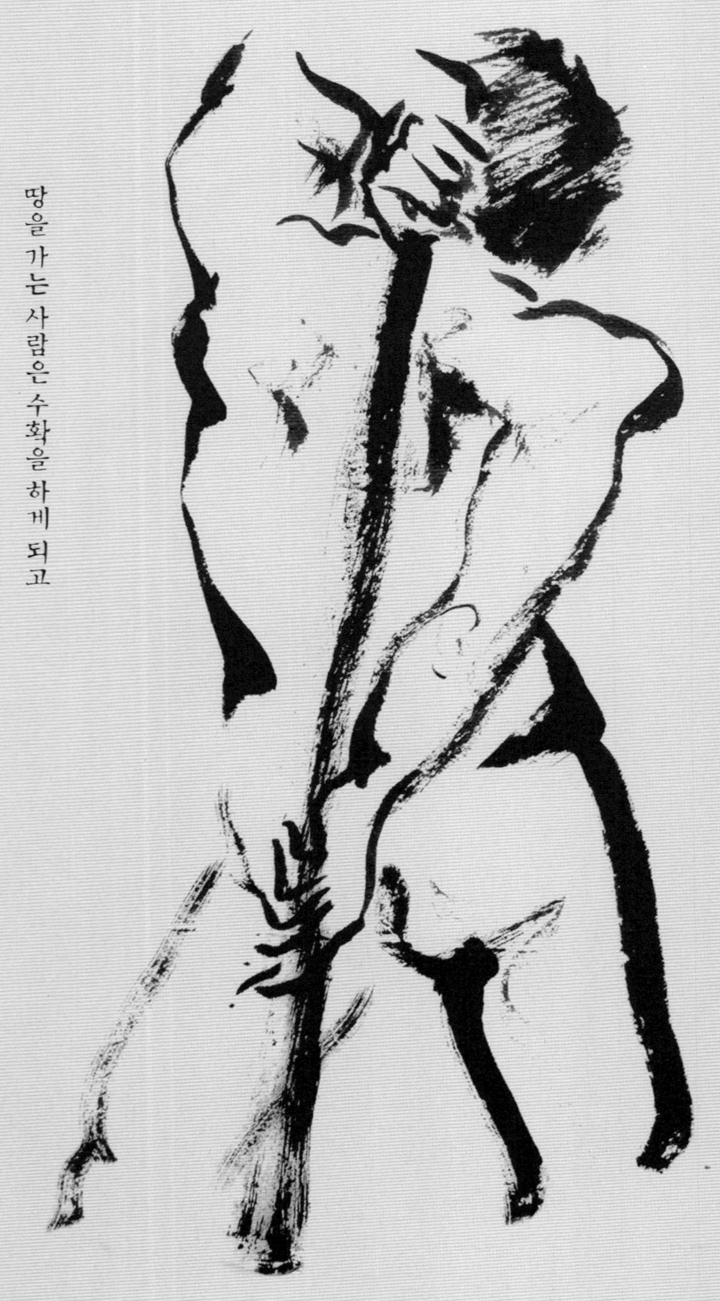

땅을 가는 사람은 수확을 하게 되고

희망을 가지고 환난 속에 참으며

마음을 슬픔에 맡기지 말고,
부질없는 고민을 하지 말라.

힘과 영광을 야훼께 돌려라.

마음과 생각이 새롭게 되어

희색이 만면하여 마치 사랑의 꽃이 피듯

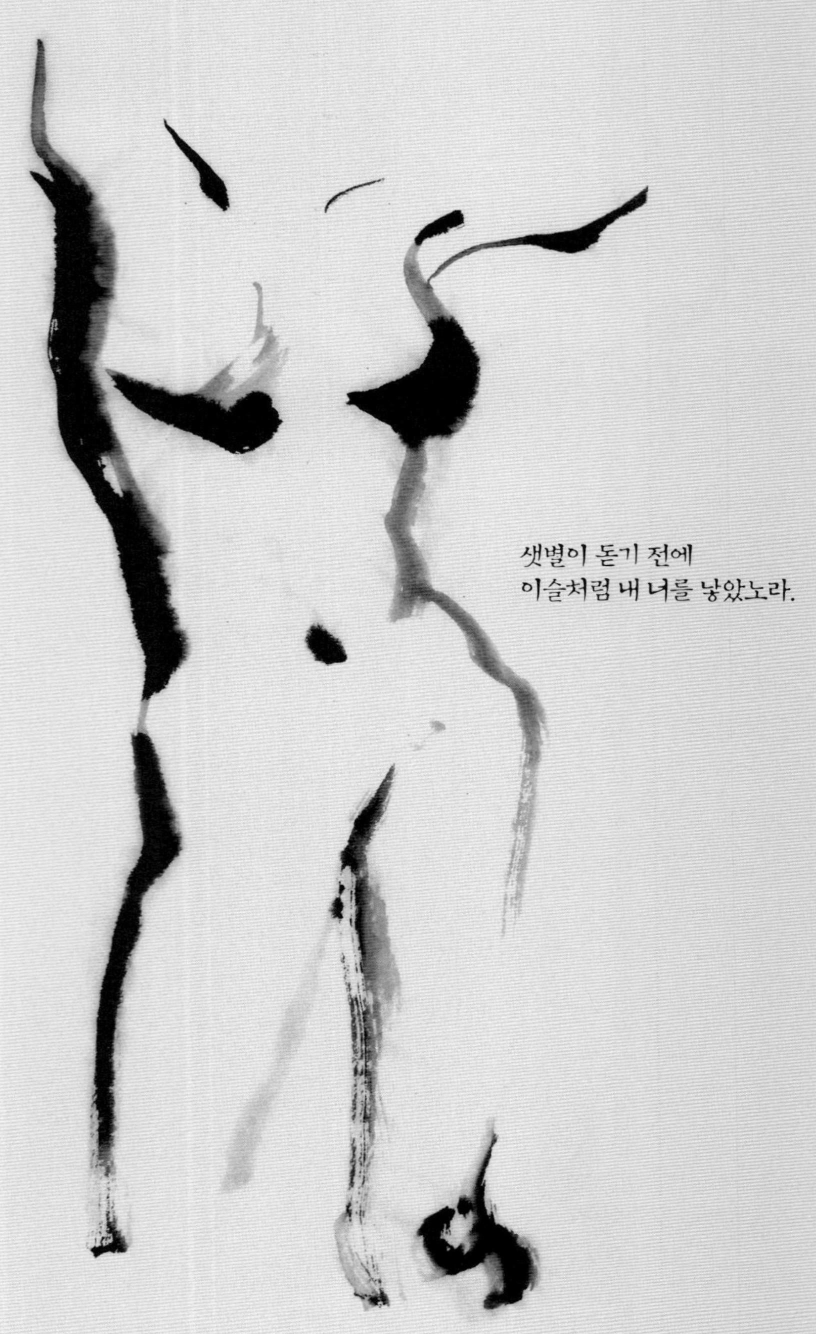
샛별이 돋기 전에
이슬처럼 내 너를 낳았노라.

눈동자처럼 나를 지켜주시고
당신 날개 그늘 아래
이 몸을 숨겨주소서.

자비는 영원히 잊혀지지 않으며,
온정은 축복의 낙원이다.

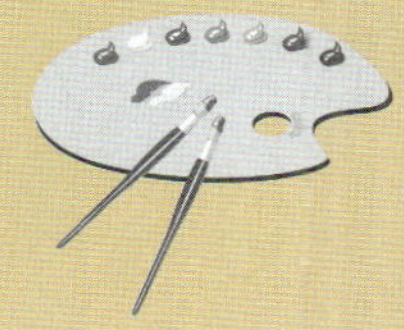

제4장 _ 세상에서 처음 보는 일

세상에서 처음 보는 일을 평범한 일상의 일로 만들기 위한,
함께 사는 세상을 향한 정신운동을 위한,
중증장애인의 인권운동을 위한 도구로 쓰기 위해서
하느님은 내 몸을 이렇게 만드신 것입니다.

자화상 : 캔버스에 유채, 41.0×31.8, 1990년

이러한 몸의 움직임 정도라도 얼마나 많은 일을 할 수 있는지
우리 삶의 상당히 많은 부분은 의지와 정신의 문제인 것을,
스스로 하고자 하는 마음이 있으면 몸이 따라 주는 것을 저는 체험했습니다.

한계 지어진 몸이 느끼는 무한한 축복

그림을 그리고, 수녀가 되고 별난 몸으로 별난 인생을 살게 되자
모두들 물었습니다.
"몸은 얼마나 움직일 수 있나요?"
"하느님께서 기적의 수녀로 쓰실 만큼, 꼭 필요한 고 만큼만……."
대답하곤 웃지요.
열세 살부터 지금 모습 그대로 누워 살기 40년.
내 몸이 할 수 있는 것은,

·볼 수 있고
책을 읽고, 그림을 그릴 수 있는 축복.

·들을 수 있고
다른 사람 이야기를 귀담아 들어줄 수 있는 축복.

·말할 수 있고
음정이 고르지 않고 자주 발음이 불분명ㅎ-고 조금간 긴장된 상황이면
기관지가 콕콕 쑤시며 가래가 끓고 돌발적인 기침이 나오곤 하지만,
나의 영적 체험들을 증거할 수는 있는 축복.

·냄새 맡을 수 있고
냄새를 못 맡는다는 것 하나로 자신은 장애인이며 결혼도 못할 거라고

의기소침하던 봉사자를 만난 적도 있지요.

· 고개를 의지대로 저을 수 있고
맘대로 몸이 움직여지지 않아서 가슴이 터질 것 같은 상황일 때 고개를 마구
흔들 수 있는 것만으로도 답답함이 해소될 수 있는 축복.

· 등을 45도 각도 정도 구부릴 수 있고
침대휠체어 등받이를 구부릴 수 있어서 시야가 넓어지고 비행기 일등석
의자를 탈 수 있어 해외여행이 가능할 수 있는 축복.

· 두 팔을 반 정도 펼 수 있고
숟가락과 젓가락 사용하여 밥을 먹을 수 있고, 머리가 가려울 때 앞부분은
긁을 수 있고, 눈곱을, 귀지를, 콧속을 청소할 수 있고, 이를 닦고 손톱을
깎을 수 있고, 용변 후 뒤를 닦을 수 있고, 수녀복 모자를 내 손으로 썼다
벗었다 할 수 있는 축복.

· 다섯 손가락을 건강한 기능의 반 정도 사용할 수 있고
펜을 잡아 글을 쓸 수 있고, 붓을 잡아 그림을 그릴 수 있고, 전화를 걸고 받고
할 수 있고, 검지손가락 둘로 컴퓨터 자판기를 두드릴 수 있는 축복.

· 두 다리를 5센티미터 정도 들어 올릴 수 있고
봉사자가 발톱을 깎아 줄 때, 옷을 입혀 줄 때, 양말을 신겨 줄 때 쬐끔
수월하게 해줄 수 있는 정도의 축복.

· 몸의 감각이 살아 있어 욕창을 예방할 수 있고
관절의 연골이 상해서 뻣뻣하게 굳어진 몸이지만 신경 계통은 살아 있어

감각을 느낄 수 있고, 신경이 마비되면 느낄 수 없는 것으로 해서 욕창 등의
위험에 노출되는 것을 막아준 축복.

· 옆으로 눕기 5분, 엎드리기 5분을 할 수 있고
한여름 찌는 무더위 때 땀과 열기로 뜨끈뜨끈한 등에 잠깐씩이나마 바람을
쐴 수 있는 축복.

· 침대 휠체어 위에서 살 수 있도록 유연한 적응력
길고 뻣뻣하게 축 늘어지는 몸의 무게로 휠체어와 침대를 수시로 번갈아
사용하기 어려운 여건에, 목욕할 때 외에는 침대휠체어에서 먹고 자고 싸고
이동하며 일할 수 있어 화가로서의 작업을, 원장수녀로서의 업무를 기동성
있게 할 수 있도록 적응하여 준 몸의 축복.

· 목표하는 일을 하고자 절제하는 것이 가능하고
장거리 여행을 할 때 화장실 사용이 불편하기 때문에 수분과 음식을 2,3일
전부터 조절하면서 길을 나섰는데, 미국 다녀올 때는 15시간씩이나 문제없이
절제가 가능했던 몸을 축복.

이 한계를 넘는 것은 그 어느 것도 할 수 없는 몸.
누워 있는 자세 자체 외에도 구석구석 성가시기 이를 데 없는 복병들이
들볶는 몸.
이러한 몸의 움직임 정도라도 얼마나 많은 일을 할 수 있는지 우리 삶의
상당히 많은 부분은 의지와 정신의 문제인 것을, 스스로 하고자 하는 마음이
있으면 몸이 따라 주는 것을 저는 체험했습니다.
약한 자 안에서 권능을 드러내시는 하느님은 나와 같이 빈약한 몸의 활동력을
가지고도 어떠한 일들을 할 수 있는지 보여 주기 위하여,

물리적으로 강하고 힘있고 아름다워야만 가치 있는 인간이라는 가치관에
홀린 이들의 눈길을 돌려서 내적 가치가 중요한 것임을 알리는 숫대로 세우기
위하여 나의 생애를 이렇게 준비하신 것입니다.

집을 떠나 닷새 되는 날, 공동체 생활을 시작하고 처음으로 목욕을 하는 날.
어머니 외에 내 벗은 몸을 보인 적이 없었는데, 할머니도 내 벗은 몸을 씻긴
적이 없었는데, 목욕을 시키는 젊은 봉사자 앞에 벗은 몸을 맡겨야 하는
상황은 참으로 당혹스러웠습니다.
미리 예상하고 있었던 일이었고 앞으로도 목욕 당번은 그 누가 될지 몰라
당연히 그럴 수밖에 없었기에 이를 내 안에서 어떻게 풀어내야 하는가?
내내 기도해 왔었는데 새벽미사중에 예수님도 십자가에서 돌아가실 때
완전히 벌거벗은 몸이었다는 사실이 떠올랐습니다.
로마제국 당시 반역 죄인을 처형하던 십자가형은 최고의 고통과 모욕을 주기
위한 것으로, 죄인을 완전히 발가벗겨 만인의 주시 하에 죽을 때까지 매달아
놓았다 합니다. 우리가 보는 십자가 예수상은 후대의 그리스도 교인들이
예수님을 형상화하면서 차마 그대로 표현할 수 없어 헝겊조각을 허리에
걸쳐서 표현한 것입니다.
예수님께서 부활하신 후 베드로 사도에게 누가 어찌 하건 너는 다만 나를
따르라 하시며 교회를 맡기셨던 것인데, 내 딴엔 모든 걸 떨치고 님을
따르겠다고 나선 몸인데, 십자가에 못 박혀 꼼짝 못하는 예수님께 휠체어에
붙박여 꼼짝 못하는 내 몸을 일치시키며 기도하겠다고 봉헌했는데…….
그래, 내 몸이 남 앞에 드러나는 이 수치감마저 십자가 위에서 조롱 받으신
예수님과 일치시키자고 마음을 다져먹으니 맑을 샘물 같은 청량한 바람이
곤욕스러웠던 마음을 씻어주었습니다.
그 후론 목욕시간을 편히 맞이했고 아무 거리낌 없이 목욕탕 바닥에 누워서
벗은 내 몸을 타인에게 맡길 수 있었습니다.

달항아리와 은장도 :
캔버스에 유채, 53.0×45.5, 1985년

사실 몇 가지를 혼자서 할 수 있다 해도 가만히 누워 있는 자세로선 행동반경
이 극히 좁습니다.

붓을 들고 그림을 그릴 수는 있지만 몇 걸음 건너 탁자에 있는 붓을 집으러 가
지는 못합니다. 수저를 사용할 수는 있지만 타인이 밥상을 차려다 앞에 놓아
주어야 하고, 뒤를 닦을 수는 있지만 변기를 가져오고 버리고 해줄 사람이 있
어야만 합니다.

회의를 하러 명동에 있는 본부로 가고 공동체를 방문하러 전국으로 가기 위해
선 다른 사람이 휠체어를 밀어 주어야 이동 가능한 것이고, 그래서 누군가 항
상 곁에 함께 있어야만 되는 몸입니다.

그러기에 사람은 서로 도우며 함께 살아야 함을 그 누구보다 확실하게 깨달을
수 있게 보여 주는 몸.

나를 보는 이들의 마음 깊은 곳에 숨어 있는 이타적 사랑을 일구어 내는 도구
가 되는, 바로 그러한 몸을 하느님은 내게 주셨습니다.

나는 이 남다른 몸으로 남다른 일을 해내면서 별난 화가, 별난 수녀가 될 수 있
었던 것을 남다른 축복이라고 감사하며 행복해 하고 있는 것입니다.

여인 1 : 종이에 파스텔, 45.5×33.3, 1997년

나는 지하철을 타고 다니며 만난 그 젊은이들이 우리나라 젊은이의
참 모습이라고 믿습니다. 젊은이들의 심성은 아주 건전하니까 우리의
내일은 기대할 만하다고 자신있게 말할 수 있습니다.

지하철에서 만나는 사람살이

오늘도 나는 지하철을 탑니다.

내가 지하철을 즐겨 타는 것은 거기에서 사람살이를 만나기 때문입니다.

우리나라 서민들의 교통수단의 하나인 지하철에는 이 사회를 떠받치고 있는
사람들의 삶의 내음이 있습니다.

처음 지하철을 타기 시작한 1987년 가을,

장애인도 대중교통수단을 사용할 수 있도록 해야 한다는 복지운동의 일환으
로 도전을 했는데, 의외로 휠체어 채로 승차할 수 있어서 너무도
편했습니다.

(사실 택시나 버스는 장애인의 몸을 안아서 좌석으로 옮기기
때문에 장애인 입장에서는 상당히 민망하고 불편합니다.)

아직도 그렇지만 그때 침대휠체어를 처음 본 놀라움에 역무원들이 너무도 많
은 배려를 해주었던 기억이 새롭습니다.

다만, 역 입구와 갈아 탈 때의 많은 계단이 문제였는데 지나가던 청년 누구에
게라도 도움을 청하기만 하면 흔쾌히 여럿이 함께 휠체어를 들고 올라가고,
내려오고 해주었습니다. 나는 지하철을 타고 다니며 만난 그 젊은이들이 우
리나라 젊은이의 참 모습이라고 믿습니다.

신문 사회면에 등장하는 극히 일부의 삐뚤어진 젊은이상에 미래를 걱정하는
분들이 계시다면 나라를 이끌어갈 저변의 젊은이들의 심성은 아주 건전하니
까 우리의 내일은 기대할 만하다고 자신있게 말할 수 있습니다.

그 재미로도 나는 지하철을 즐겨 타고 다닙니다.

10여 년 전과 달라진 것은 젊은이들의 머리 색깔과 옷차림뿐입니다.

또 하나 달라진 것은 엘리베이터나 리프트 등의 편의시설도 이젠 반 이상의 지하철역에 설치되었습니다. 물론 리프트가 고장이 잦고 휠체어장애인에겐 상당한 위험 요소들을 갖고 있긴 합니다.

전반적으로 모든 사람들이 전에는 휠체어를 보는 것만으로도 당황해 하는 모습이었는데 요즈음은 아이들을 데리고 있는 젊은 엄마들 경우는 편의시설을 사용하는 모습을 통해 아예 현장학습(?)을 시키는 것을 종종 봅니다.

그래서도 나는 열심히 지하철을 타고 다닙니다.

그리고 하나 더 달라진 것은 외국인을 자주 만나는 것입니다.

전에는 아주 드물게 보았는데 요즈음은 거의 매번 탈 때마다 어느 나라 사람이든 만납니다. 배낭여행 온 젊은이들, 노후관광 온 노부부들, 취업 온 아시아인들 등 우리나라 사람들이 외국에 나가는 수도 많아졌지만, 그 만큼 외국에서 우리나라를 찾아오는 이들도 많아진 것입니다.

우리나라가 그만큼 열린사회로 변화되어 가고 있다는 것을 피부로 체감할 수 있어서 지하철에서 외국인을 만나면 일단 뿌듯합니다.

비록 아직은 글로벌 에티켓에 익숙하지 않아서 실수도 많고 외국인 노동자들에 대한 문제를 아프게 겪고 있지만, 우리 민족의 본 심성으로는 그런 숙제들을 빠르게 풀어 낼 수 있으리라고 믿습니다.

침대휠체어를 사용하는 중증지체장애인으로 매주 한두 번씩 지하철을 타고 다니며 우리 사회의 평균적인 사람들의 선한 심성을 누구보다 깊게 넓게 만났었기에 당연하게 그렇게 믿게 되었습니다.

우리 모두 자신이 서 있는 자리에서 최선을 다해 열심히 살고 있는 방울들이 모여 이런 결과를 성취해 내고 있다는 것을 지하철을 타고 다니며 체득할 수 있었기에, 나는 오늘도 즐겨 지하철을 타고 다닙니다.

완도의 선장님

완도.

참으로 까마득하게 먼 곳이라고 생각해 왔던 섬. 내 평생 가볼 것 같지 않던
그 섬에 벌써 몇 번을 다녀왔습니다. 제주공동체로 가는 배를 타기 위한
기착지이지만 완도가 특별히 기억되는 이유가 있습니다.

새벽 네 시 반에 눈 비비며 깨어나 다섯 시에 출발하여 김밥으로 아침을
때우고 고속도로를 달리고 달려서 한 시경 완도에 도착하면 먼저 제주도행
배표를 끊습니다.

부두 바로 앞에 있는 기사식당에서 점심을 먹고 그 유명한 청해진 유물을
구경할 틈도 없이 제주행 배에 차를 먼저 싣고 일행이 승선하여 제주항에
도착하면 저녁 일곱 시경.

하루를 길 위에서, 물 위에서 보내고 나면 '이 무거운 몸으로 왜 이리 힘겹게
살아야만 하는 건지' 의기소침하게 만드는 자괴감이 순간 스쳐가지만
내 소명에 대한 확신의 안개가 더 높이 피어오릅니다.

그러한 때에 한 선장님을 만났습니다.

4년 전 제주공동체에서 일을 마치고 돌아오는 길이었습니다. 배를 타면
언제나 선실로 들어가지 않고 망망대해를 볼 수 있는 기회를 놓칠세라
뱃머리 맨 앞에서 바다를 가르는 파도와 바람을 얼굴이 아리도록 시원하게
만끽하면서 스케치를 하곤 했습니다.

그날따라 선원들이, 파도가 많이 치고 비가 올지 모르니 선실에 들어 가
달라고 얘기하길래, 하늘이 맑고 푸르고 흰 구름도 동동 떠 있는데……,

얼굴 6 : 캔버스에 유채, 25.8×17.9, 1999년

몇 번이나 선실로 와서 휠체어가 무사한지 멀미는 안 하는지
물어보시던 선장님이 항구에 닿자마자 선원들을 불러 휠체어를 함께
들어 내리면서 "좋은 분이 타셔서 무사히 잘 왔습니다" 하고 사람을
편하게 하는 보기 좋은 웃음을 지으셨습니다.

의아해 하며 불만스레 선실로 들어갔습니다.

배가 닻을 올려 내항을 벗어나자마자 폭풍 속에 일엽편주라는 말이 괜히
생긴 것이 아니구나 알았습니다. 벽에 걸린 액자가 기우뚱기우뚱, 선실 창문
밖 바다의 수평선이 시소처럼 오르락내리락. 사람들이 놀란 얼굴로 왔다 갔다
하고, 선원들은 비만 안 오면 염려 없어요, 하며 다녔습니다.
옆의 사람들은 멀미를 하기 시작하고, 그리고 보니 선실이 거의 텅 비다시피
승객이 없는 것이 눈에 띄었습니다.

바다에 대해선 아무 것도 몰랐기에 날씨만 좋으면 다 좋은 줄 알았는데,
바다를 아는 사람들은 이미 눈치채고 타지 않은 것을. 사업차 완도와 제주를
들락날락하는 사람들과 가족 단위 여행객, 젊은 배낭족 등으로 항상 북적대던
항구에 사람들이 별로 보이지 않았던 것이 생각났습니다.
허리춤에서 묵주를 꺼내 들고 기도를 하기 시작했습니다.
예정보다 30분 늦어서 완도항에 입항할 때까지 아마도 한 달 동안에 할
기도를 다 한 것 같습니다. 몇 번이나 선실로 와서 휠체어가 무사한지 멀미는
안 하는지 물어보시던 선장님이 항구에 닿자마자 선원들을 불러 휠체어를
함께 들어 내리면서 "좋은 분이 타서서 무사히 잘 왔습니다" 하고 사람을
편하게 하는 보기 좋은 웃음을 지으셨습니다.

그 후로도 몇 번 완도를 통해 제주도로 갈 때마다 그 배를 탔고 그 선장님을
만났습니다.
완도와 제주도를 정기 운항하는 카페리호 두 척 중 한 척을 맡아 젊은
시절부터 바닷바람에 살아오신 선장님. 서부영화에 나오는 것 같은 챙 양옆을
말아 올린 모자를 쓰고 털털한 티셔츠, 작업복 같은 헐렁한 바지, 맘 좋은
큰아버지 같은 웃음을 지니신, 선원이라는 격식 차린 낱말보다 그냥 배꾼으로
관록이 붙은 고수 어른 같은 믿음직스러움이 그냥 배어 나오시는 분.

호탕하고 풍채 좋으신 그분이 처음엔 선장인 줄 몰랐습니다.
한여름의 무더위 속에서도 넘실대는 바다 물결과 파도에 매혹되어 에어컨이
있는 선실로 들어가지 않고 갑판에서 뜨거운 햇살 아래 땀 흘리고 있을 때,
선원들이 먹는 냉장고 얼음물을 병 채로 내어주어 우리 수녀들을
감격시키셨던 선장님!

2000년 5월, 30여 년 간의 충실한 근무로 해서 대통령 표창을 받게 되었을 때,
개인적인 이유로 예약된 시간에 결항할 수 없다며 청와대에서 거행된 표창장
수여식에 대리인을 보낸 선장님의 바다에 대한, 배에 대한 각별한 열정은
감탄을 자아내었습니다.
아! 바다에 한 생애를 걸쳐 열정을 바치는 이런 영혼이 우리나라 남해 바다
완도에 있었구나. 마치 〈노인과 바다〉 영화 속에 있는 듯한 감동이 부서지는
파도의 하얀 포말처럼 생생한 생동감이 나의 일상생활 속으로 전해져 오는
것을 느꼈습니다.

우리 작은예수회는 수백 명을 한꺼번에 수용하는 대단위 시설이 아닌
10명 이내의 장애인이 가정 형태를 이루며 사는 소공동체를 전국에 운영하고
있어서 수녀회 원장은 여성장애인공동체를 1년에 한 번씩 방문해야 합니다.
제주도에 있는 공동체도 그런 이유에 다녀와야 하는데,
나는 침대휠체어를 사용하는 1급 지체장애인이라 비행기 요금을 남보다
세 배, 여섯 배를 더 내야만 하는 항공규정으로 인해서 한 시간이면 갈 수 있는
제주도를 배로 열다섯 시간 걸려 가곤 합니다.
차 타고 배 타고 가는 삼천리 머나먼 하염없는 길에서 휠체어가 짐스러워
힘겨워 하는 사람들을, 덜커덩투당탕 소란스러움에 이맛살 찌푸리는
사람들을 수없이 만나 온 여행길입니다.
고생을 고생인 줄 모르고 다니게끔 느끼게 해주는 그런 좋은 선장님을 만난

것은 이웃을 힘겹게 하는 거추장스런 거북이 같은 몸을 끌고 다녀야 하는
곤욕스러움으로 메말라 가던 용기에 단비가 젖어드는 것과도 같은 촉촉한
기쁨을 주었습니다.

바다 스케치 1, 2 : 종이에 연필, 33.3×24.2, 1997년

베드로 성전 현장스케치 : 한지에 먹, 41.0×31.8, 2001년
교황 요한 바오로 2세 : 종이에 연필, 33.3×24.2, 2006년

아! 바티칸.

기도하며 꿈꾸어 왔지만 설마 현실로 그곳에 갈 수 있게 될 줄은…….

아! 바티칸

2000년 7월 어느 날.

예술의전당에서 전시회를 마치고 다음 할 일들을 궁리하며 축하금을
정리하여 신부님께 드렸습니다. 반은 함께 살고 있는 수녀회 기금으로,
반은 전시회비 예산을 회원들이 마련해 준 것이니 작은예수회 기금으로 넣어
주십사 하였습니다.

그런데 신부님께서 돈을 받으셨다가 도로 주시면서 앞으로도 전시회를 계속
해야 하지 않느냐며 무언가 깊이 생각하시는 듯하더니 저녁을 사주겠다고
하셔서 따라 나섰습니다.

음식을 먹은 시간은 한 시간도 안 되었고 세 시간 반이 넘게 많은 이야기를
해주셨습니다. 앞으로 미술과 문화 관계 일과 장애인복지 분야에 대해
본격적으로 일해 보라고, 기금도 모으고 사람도 모으고 그러라고.

"보나, 너의 팬클럽도 만들어라."

웃으시며 농담도 하시며 신뢰와 격려의 말로 의욕을 북돋아 주시는 신부님
앞에서 이제 그림이 나의 일로써 이 정도까지 되었으면 신부님 말씀대로
전심전력하여 제대로 해내야 하겠다는 각오를 새로이 다졌습니다.

학력도 경력도 이렇다 할 것 없는 이들이 낯선 타지에서 실력으로 인정받기
시작한 것처럼 내 그림으로 외국에서도 도전을 시작해 보자고 또 다시
못 말리는 적극성을 발휘하여 기도하며 함께해 줄 사람을 모으며 준비에
들어갔습니다.

소도 언덕이 있어야 등을 비빌 수 있다고 무턱대고 갈 수는 없는 일이라

배양일 대사님 :
종이에 파스텔,
45.5×33.3, 2000년

여러 곳에 나에 대한 홍보자료를 보내니 바티칸 주재 한국 대사관에서 로마로
오면 만나서 가능한 협조를 해주겠다는 답신이 왔습니다.
내 휠체어로 여행할 때 발생될 수 있는 예측 못할 상황들을 알고 있기에
건물과 교통편 등이 전혀 낯선 이탈리아 여행에 동행이 될 팀 구성을 위한
기도를 하면서 먼저 사람들을 모았습니다.
모든 섭외를 맡아준 서동호(파스칼) 실장과 나의 휠체어와 몸이 이동할 때
어떻게 해야 하는지 가장 잘 알고 있는 수녀회 관리인 김상근(미카엘) 형제와
수녀회 직원으로 나와 일손이 잘 맞고 호스피스 자격이 있는 윤선희
(마리안나) 자매와 나까지 네 명이 한 팀 되어 불확실한 미지의 일을
완성시키기 위해 뛰어들었습니다.

드림팀이라고 불린 이들이 바로 꼭 필요한 이때에 제 곁에 함께 있게
예비하신 하느님께, 출발하는 날 새벽미사를 봉헌해 주시며 축복을 빌어 주고
안수해 주신 신부님께 주신 사랑에 보답하는 결과를 꼭 갖고 오리라 말없이
속으로만 약속드리며 김포공항을 이륙하였습니다.

200년 9월 13일.

11시간 걸려 로마에 도착하니 저녁 어스름이 깔린 시간. 이삼 일 전부터
음식조절을 하며 수분 섭취를 최소로 줄였기에 급하지는 않았지만
다음 시간이 어떻게 진행될지 몰라서 나오면서 화장실부터 먼저 들렀습니다.
장애인 화장실이 따로 있었으나 문을 여는 방법이 적혀 있지 않아 사용하지
못하였고, 이곳도 역시 장애인복지 부분은 개선할 점이 많구나 생각하며
로마에서의 일정을 시작하였습니다.

외교관으로서 일반인은 들어올 수 없는 구역에까지 마중나와 준
김 사무관님을 따라 공항 밖으로 나오니 검은 벤츠에 주 바티칸 한국대사
배양일 님이 마침 시간이 되어서 직접 나오셨다며 기다리고 계셨습니다.
차 뒷좌석에 누워 숙소까지 가며 인사를 나누니 공군 장군이셨다고 하셨는데
너무도 부드러운 표정과 다정다감한 목소리와 품위 있는 자세로
말씀하셨습니다.
"그런 몸으로 여기까지 오셨는데 하고자 하는 일이 다 잘 되도록 최대한
돕겠습니다. 우선 내일 바티칸 미술관을 가볼 수 있도록 주선할 테니 그렇게
준비하시고, 내일 저녁 식사는 대사관저에서 함께 하도록 하십시오."
그렇게 편하고도 정중히 초대를 하시니 초긴장 상태였던 나는 마치 바오로
사도가 곤경 중에 귀족 옷을 만드는 자색옷감 장사 리디아를 만난 듯 했고,
로마 중앙역 옆 낡은 건물 3층 숙소로 올라갈 때까지 지켜보아 주고 떠나시는
자상함에 만가지 걱정이 오가던 마음이 든든해졌습니다.

우리나라는 건물 맨 아래층이 1층인데, 로마는 맨 아래층이 0층에서
시작합니다. 우리가 부르는 2층이 거기서는 1층입니다. 천정은 턱없이 높아서
3층이 우리의 5층 정도 높이가 됩니다.
그 계단을 오르는데 층계 폭이 너무 좁아서 내 휠체어를 든 형제들이 숨이
턱에 차게 진을 빼고 올라가야 했습니다. 300년 된 옛날식 아파트라 복도가

너무 좁아서 들것으로 몸을 바닥에 내리고 휠체어를 접어 먼저 올린 후 몸을
나중에 들어서 간신히 방으로 들어갔습니다.

그곳은 연변에서 온 한족 아줌마 두 분이 한국 배낭족만을 위해 민박을 하는
곳이었습니다. 숙박비가 저렴한 만큼 하나의 화장실을 15명 정도가 같이
사용해야 하기 때문에 매일 줄서기를 하였고, 잠은 커다란 방 두 개를 남자방,
여자방으로 구분하여 함께 쓰는 식이었습니다. 젊은이들은 그런 속에서 서로
여행정보를 나누며 뜻이 맞으면 즉석에서 여행친구도 되어 그 모습이 보기
좋았습니다.

다행히 작은방이 하나 있어서 나는 윤선희 자매와 둘이서만 사용할 수 있게
되었습니다. 특히 좋았던 것은 엄마 솜씨 같은 밥과 국과 반찬으로 된
한국음식을 먹을 수 있는 것이었습니다.

식사 후 긴장을 풀지 않은 채 저녁 기도를 바치고는 휠체어 위에서
얇은 이불을 덮고 잠이 들었습니다.

14년 전 집을 떠나며 어린 조카 여창이와 손가락 걸고 약속했던 그곳, 바티칸!
이제는 고고미술사학과 대학생이 된 조카가 마침 군대에 가려고 휴학한
때였고, 이번 여행을 알렸더니 큰오빠가 배낭여행을 보내 주어서 며칠 전
먼저 와 있던 여창이와도 만나서 일행이 되어 바티칸 미술관으로 향했습니다.
한 마음으로 기도하며 믿고 구하면 다 들어주신다 하신 예수님 말씀 하나
꼭 잡고 생명 내놓고 기도하며 치열하게 살아왔던 지난 세월의 감회가
형언할 수 없이 가슴에 사무쳐 왔습니다.

수많은 관람객이 물결처럼 흘러가는 틈새를 대사님의 배려로 줄서지 않고
들어갈 수 있게 되어 꿈꾸어 왔던 그림들을, 조각들을 관람했습니다. 특히나
미켈란젤로의 〈천지창조〉와 〈최후의 심판〉 앞에 서니 내가 현실 속에 서
있는 것 같지 않았습니다.

베드로 성당 지하묘지에서 성인품에 오르신 교황 요한23세의 묘소 앞에서는

1962년 바티칸공의회의 대개혁이 없었으면 수녀가 될 수도 없었을
휠체어장애인이 수도복을 입고 있는 이 모습을 하늘나라에서 보고
계시겠구나 하는 생각이 들었습니다.
사람이 결코 미리 알 수 없는 은총의 섭리가 움직이고 있는 이 세상.
사람살이에 대한 경외의 마음에 저절로 무릎이 굽혀지는 느낌 속에 지난
세월 함께 살아와 준 모든 이를 위해 기도하노라니 신부님과 본가 가족들,
수녀들과 작은예수회 회원들, 함께 일해 왔던 모든 이들의 얼굴들이 하나하나
눈앞을 스쳐갔습니다.

저녁에 대사관저에서 식사를 하며 로마와 밀라노에서 전시를 하고 싶다고
솔직히 얘기하니 바티칸 옆에 미술관을 연결해 주실 수 있을 것 같으니
함께 가보자고 하셔서 약속을 정했습니다.
일정상 밀라노를 먼저 다녀오는 것이 효율적이라고 얘기되어 다음날 아침
출발하기로 하였습니다.
그렇게 하여 타게 된 이탈리아 기차. 그곳에서도 역시 나 같은 모습의
장애인을 처음 보는지 마치 이탈리아 영화 속에서처럼 친절한 웃음의
왁자지껄한 역원들이 서너 명씩 이리저리 다니며 머리를 맞대고 연구를
하더니 뜻밖에 요금을 할인해 주었습니다.
그런데 그것까지는 좋았는데 타고 보니 낡은 완행열차 화장실 옆의 작은 빈
공간이었습니다.
(밀라노에서 돌아올 때는 그곳에서 민박했던 집주인의 이탈리아어
실력 덕분에 그의 도움으로 요금이 할인되어서 장애인석이 있는 특급기차를
탔습니다. 그러나 할인값도 비싼 데다가 이번엔 역무원이 깍쟁이 같은 말쑥한
얼굴로 틱틱거리는 것이었습니다.)

바쁜 일정 속에 잠시 틈이 나면 거리 구경한다고 나서서 길을 잃고는 걷고

또 걷고. 휠체어 위에 있는 내 몸이 이렇게 힘든데 휠체어를 밀면서 걷는
이들은 얼마나 힘겨울까 싶어 웃는 호박답게 방긋방긋 웃기만 했습니다.
식사는 서양음식은 싱겁다고 알아 왔던 상식을 완전히 깨버릴 만큼 너무도
짠 샌드위치로 때우는 게 기본이었고, 이탈리아까지 왔으면서도 피자를
먹어 본 것은 며칠이나 지나서였지요.
그러다가 대사님을 만나면 이번엔 대사관 승용차인 검은색 벤츠의 폭신한
뒷좌석에 몸을 누이고 로마를 누비고 다니기도 했습니다. 바오로 사도처럼
귀하게도 비천하게도, 어느 상황에서도 긍정적으로 적응하며 살아갈 수
있도록 다져진 그 동안의 생활습관이 감사했습니다.

밀라노 한인성당에서 주일미사를 하면서 신부님과 신자들을 만났습니다.
공지사항 시간에 우리 수녀회의 창립이야기와 함께 밀라노에서 전시회를
열고자 왔다는 얘기를 하니 동참하겠다는 교우들이 계셔 한국에서 만들어 온
나의 연락처와 은행통장번호가 적힌 팸플릿을 전했습니다.
신부님께서는 한국인으로 전시회를 주선할 분이 있는데 지금 마침 한국에
가 있으니까 돌아오면 서로 연락하자고 하셨고, 민박집 주인 김보경 씨는
독일에 친구가 있다며 독일 쪽 전시회 장소를 수소문해 주기로 약속을
하였습니다.
여창이와는 유럽의 다른 지역으로 가는 일정을 잡고 있다 하여 밀라노에서
헤어지고, 우리 일행 네 명이 로마로 돌아오니 배 대사님은 대희년이라
순례객이 많아 몇 달 전부터 예약을 해야 하는 교황님 알현을 주선해 놓고
계셨습니다.

이렇게까지는 기대하지는 않았는데…….
대사님 차로 베드로 대성당 앞으로 다가가니 관계자가 와서 우리를 일반인
통로와는 다른 구역으로 데리고 들어가 그곳에서 차를 내려 기다리게

하였습니다. 잠시 후 교황님이 검은색 승용차에서 내리시어 신자들의 알현을
받을 때 타는 지붕 없는 하얀 차로 갈아타기 위해 나오시다가 우리 있는
쪽으로 다가오시는 것이었습니다. 교황님은 내 머리에 안수를 해주시며
특별강복을 주시고 가셨습니다.

다시 일반인 알현장소로 옮겨 모든 행사를 끝낸 후 대사님의 안내로 베드로
대성당 앞 광장 바로 왼편 골목에 있는 아데나 화랑으로 갔습니다. 장소를
둘러보고 내 그림이 들어 있는 팸플릿을 보여 주니 곧 계약을 하고
화랑측에서 이탈리아 내의 홍보를 맡겠다고 하면서 전시회 때에 직접 와
주면 더욱 좋겠다는 말을 하였습니다.

다음날 로마 근교에 있는 살레시오 수도회로 찾아가 한국에서 뵈었던 윤루가
신부님을 18년 만에 해후하였습니다. 개인전 얘기를 하며 내년에 신부님과
수녀들과 함께 오면 수도원에서 숙박할 수 있을지 여쭈었더니 흔쾌하게 빌려
주겠다 하셨습니다.

정말 이번 여행이 주님의 계획 안에 이끌어지고 있다는, 내가 인간적으로
하려고 해서 되고 있는 것이 아니었구나 하는, 너무도 큰 은총의 감격에 잠길
수밖에 없는 시간들의 연속이었습니다.

귀국하는 날, 민박집의 친절한 한족 아줌마의 잊지 못할 김치깍두기를
반찬으로 아침을 먹고 로마의 한인 성당의 주일미사에 참석하였습니다.
신부님과 교우들을 만나고 미사 후 우리 수녀회와 내년 전시에 대해 얘기하니
몇몇 분이 전시 준비에 함께 뛰어주겠다고 약속하셨습니다.

성당에서의 교우들과의 만남을 마지막 일정으로 하고는 공항으로
출발했습니다. 처음 보는 이탈리아 음식들로 점심을 사주시고 비행기에
탑승할 때까지 지켜봐 주신 대사님께 다시 한번 깊은 감사를 드렸습니다.
드디어 비행기 속에서 긴장이 풀어지며 잠이 쏟아지고 몸살 기운이
느껴졌지만, 내가 이럴 때 내 휠체어를 밀고 들고 몸으로 뛰어준 일행들은

얼마나 피곤하랴 싶어 아무 내색을 않은 채 긴 비행에 몸을 맡겼습니다.
한국에 내려서는 서 실장을 마중 온 직원들에게 큰 가방을 맡기고
윤선희 자매는 집으로 보내고, 미카엘 형제와 마중 나온 수녀와 함께
지하철을 타고 수녀원으로 돌아왔습니다.
마치 2000년 전 사도들의 선교 여행 같았던 모든 일들을 말씀드리면 대견해
하고 기뻐해 주실 신부님의 얼굴을 떠올리니 새삼 가슴이 설레고 있었습니다.

아! 바티칸.
기도하며 꿈꾸어 왔지만 설마 현실로 그곳에 갈 수 있게 될 줄은…….

김상근 미카엘, 윤선희 마리안나 : 종이에 목탄, 41.0×31.8, 2000년

세상에서 처음 보는 일

이 몸으로 무얼 할 수 있겠는가.
내가 할 수 있는 일이라고는 기도하는 것과 그림 그리는 것 두 가지뿐이라고
생각했었는데 신부님은 나의 무엇을 보고 그린 일을 맡기시는지…….
자매공동체 책임자로 임명하고 공동체 운영비에 대한 회계를 보게 하고 회원
회칙 만드는 팀원으로 끼워 넣기도 하셨습니다.
양성과 피정 프로그램 작성을 하고 컴퓨터로 밤새워 서류작성을 하고,
이제는 수녀원 원장까지 맡기시니 내가 할 수 있는 일이라고 상상도 못하였던
많은 일을 하게 되어 나의 능력을 먼저 알아채 주신 신부님이 신기하기만
하였습니다.

이 몸으로 어디를 갈 수 있겠는가.
그저 수녀원 앞에 어린이대공원이 있어서 장애인은 무료로 들어갈 수 있는
행운에 얼마나 행복한지 몰라 하며 흐뭇하고 살았는데.
그러나 살며 많은 변화가 있었고 이젠 혼자만의 걸음이지도 않습니다.
직책의 업무상 가야 하는 곳을 장애인이라서 못 간다 하면 내 뒤를 따르는
장애인들에게 불이익을 줄 수도 있습니다.
또, 어떤 일이든 할 수 있을지 아닐지는 해보기 전엔 모르는 거니까 못 한다고
미리 뒷걸음치지 않고 최선을 다해 본다는 내 나름으로 정해 놓은 기본행동
방침에도 어긋나지 않으려 합니다.
가야할 일이고 기회가 닿는 곳이면 모든 지혜를 발휘하여 방법을
강구하고 나아가 함께 그 일을 수행할 적절한 팀을 구성합니다.

사과 : 고무판화, 1984년

소녀 : 목판화, 33.3×24.2, 1984년

건강한 사람은 끝없이 계속해 가는 성취를
장애인은 어느 정도가 되면 감사하면서 성장을 멈추어야 하는 걸까요?
저는 앞으로도 세상에서 처음 보는 일들에 도전해 나갈 것입니다.
그렇게 하기 위해 이 몸을 만드신 하느님의 뜻을 따라서……

예수님 이름 하나 꼬옥 잡고 기도하며 그저 열심히 다니다가 지금
되돌아보니 이 거창한 한 몸을 끌고 국내에서는 서울의 동네 구멍가게,
미술관에서부터 제주도, 마라도까지, 해외로는 일본, 미국, 중국,
이탈리아까지 닿은 내 자신이 먼저 놀랍기만 합니다.

누군가 물었습니다.
건강한 사람들도 가기 쉽지 않은 곳을 많이 다녔는데 꼭 그렇게 해야만
하느냐고……. 이런 관점의 질문에 장애인들이 제일 분노합니다.
그 내면에는 건강한 사람들도 못하는 일을 장애인이 꼭 다 해야 하느냐,
장애인은 건강한 사람들이 하는 일의 몇 분의 일만 할 수 있어도 감사한 거
아니냐는 건강한 사람 중심주의가 깔려 있는 것이기 때문에…….
15년 전까지도 성당에 가서 미사참례를 하고서 마당에서 커피를 마시고
있으려면 제 주위에 어린이부터 할머니까지 빙 둘러서서
"커피도 마실 줄 아네……. 쯧쯧."
하며 손에 천 원짜리 지폐를 쥐어 주곤 하였는데, 지금은 제가 가거나 오거나
아무도 관심을 안 둘 만큼 일상의 존재가 되었습니다.

지하철을 처음 타기 시작했을 때 역무원들이 너무 놀라서 서너 명의 일행까지
요금도 안 받고 그냥 무사통과시키며 끔쩍하게 대우해 주더니 공동체 앞의
지하철역을 수시로 이용하던 어느 날, 역무원 아저씨가 정색을 하고 표를
사라고 하여서 "여태 그냥 다녔는데요" 했더니 너무 자주 이용하기 때문에
요금을 받아야겠다고 한 일이 있었습니다.
그만큼 저의 움직임이 일상이 되었다는 뜻이겠지요. 요즘은 다행히 장애인과
봉사자 한 명은 무료로 되었지만 말입니다.

10여 년 전 장애인복지행사를 하며 일반인의 일일 장애인체험 프로그램을

함께하기 위해 당시 경복궁 국립박물관으로 답사를 나간 일이 있습니다.
그런데 그곳에 장애인용 엘리베이터가 있다 하여 들렀더니 그것을 설치한
후에 장애인이 한 명도 온 적이 없어서 열쇠를 어디다 두었는지 모르겠다며
30분이나 지나서 찾아와 작동시켜 주며 제가 그 엘리베이터를 사용한
첫 번째 장애인이라고 하였습니다.
그런가 하면 한번은 극장에 영화를 보러 갔더니 종업원이 휠체어를 들고
층계를 올라가면서 다음부터는 직접 극장에 오지 말고 비디오가 나오면
집에서 편하게 빌려 보라고 했는데, 지금은 모든 극장들이 엘리베이터와
경사로를 설치하는 것을 기본으로 하고 있습니다.

비행기를 타려면 앉을 수 있는 장애인은 국내는 반액 할인, 국외는
일반요금을 내면 되지만 누워 있는 장애인은 먼저 3, 4일 전부터 의사
소견서를 제출하여 좌석 여섯 개를 치우고 침대를 설치하고 산소호흡기와
링거를 준비하고 의료진을 대동하고서야 탈 수 있으며 그 비용 모두를 장애인
본인이 부담해야 합니다.
그래서 누워 있는 장애인도 앉는 장애인처럼 대우해 달라고 항공사에 건의를
하러 갔더니 이렇게 누워 있는 장애인은 처음 본다며 한 사람을 위해서 항공
규정을 고칠 수 없다고 합니다.
규정이 바뀌기 쉽지 않다는 것은 압니다. 제주도를 갈 때 전화로 비행기표
예약을 하려다가 규정을 듣고는 기가 탁 막혀서 아예 공항 근처는 갈 생각도
못하고 고속도로를 달려 배를 타고 도합 15시간이나 걸려 제주도를 가곤
했으니까요.
저는 전혀 위험 없이 건강하게 비행기를 탈 수 있다는 것을 일단 보이고자
했습니다. 그래서 제 입장에선 꿈도 못 꿀 일등석 의자가 누워서 탈 만큼 젖혀
진다는 것을 알고는 신부님께 "장애인 복지운동 차원에서라도 다녀오게
해주십시오" 청해서 비싼 좌석 값에 기대어 억지로 밀고 들어가 미국과

이탈리아를 건강히 잘 다녀왔습니다.
그러나 저도 계속 그 비싼 요금을 내며 다닐 처지가 못 될 뿐더러 나와 같은
입장의 다른 누워 있는 장애인들을 위해서도 이 문제는 어떻게든 해결이
되어야만 합니다.

그렇습니다.
세상에서 처음 보는 일을 평범한 일상의 일로 만들기 위한, 함께 사는 세상을
향한 정신운동을 위한, 중중장애인의 인권운동을 위한 도구로 쓰기 위해서
하느님은 내 몸을 이렇게 만드신 것입니다.
그렇다고 너무 질시의 눈으로는 보지 말아 주십시오. 하느님으로부터 내게
허락된 세상이 무엇인지, 얼마 만큼인지 누가 무어라 하지 않아도 나는
정확히 인식하고 있습니다.
정말로 많은 곳을 돌아다녔고 비행기 일등석도 타 보았지만 모두가 눈 아래
보는 그 장관이라는 구름바다를, 누워 있는 내 시야에는 들어오지 않아서
한 번도 보지 못했습니다.

또, 기차를 세 번 탔었지만 그 또한 쉽지 않았습니다. 두 번은 의자와 의자
사이에 댄 판자에 올려진 몸이었기 때문에 너무도 거북하고 온몸이 저려 와서
그 분위기 있다는 기차여행이 아니라 그저 빨리 도착하기만을 진땀 흘리며
애타게 기다려야 했습니다.
세 번째 기차여행 때는 마침 비수기라 손님이 없어 식당칸 식탁 위에
휠체어를 통째로 올려놓고 끈으로 묶어 고정하고 탔는데, 덕분에 보이는
시각이 전과 달라서 하늘이 아닌 선로의 돌들과 스쳐 지나는 농촌 풍경을
처음으로 잘 볼 수 있었지만 너무도 겁나고 제 자신이 우스꽝스러웠답니다.
지금은 휠체어장애인이 타면 의자를 돌려서 공간을 만들어 주는 기차가 생겼
습니다.

요즘은 리프트가 달린 특장차를 타고 다닐 수 있게 되었지만 내 휠체어를
통째로 싣기 위해 접어놓은 좌석이 창문을 가려 밖이 거의 안 보이는 건
폐단입니다. 꽃 피는 봄날의 산야를, 가을날의 단풍을 언뜻언뜻 스쳐 볼 뿐인
것은 차 뒷좌석에 누워서 타는 자세로 하여 하늘과 구름만 보고 다니던
예전과 별반 다를 게 없습니다.

자신이 원하는 음식을 맘껏 골라 먹을 수 있다는 뷔페에 초대받아 가도
누군가가 덜어다 주는 것만 먹을 수 있기에 늘 비슷한 것만 먹고 옵니다.
회의를 하다가 다과가 나오면 각자 입에 땡기는 것을 집어 먹지만 저는 이거
드세요, 하며 집어주는 것을 좋아하든 싫어하든 그것을 먹습니다.
어찌 매번 그거 아니고 저거 주세요 할 수 있겠습니까? 원래 성격도 그렇지
못한 데다 더구나 수녀가 되어 가지구…….
중증장애인이 그 정도면 복인 줄 알아야지 하는 이들을 만날 때면 정말 할
말이 없습니다.
건강한 사람이 그 정도면 복인 줄 알아야지 하고 말하는 이들도 있나요?
건강한 사람은 끝없이 계속해 가는 성취를 장애인은
어느 정도가 되면 감사하면서 성장을 멈추어야 하는 걸까요?
저는 앞으로도 세상에서 처음 보는 일들에 도전해 나갈 것입니다.
그렇게 하기 위해 이 몸을 만드신 하느님의 뜻을 따라서…….

부활 : 캔버스에 유채, 53.0×45.5, 1993년

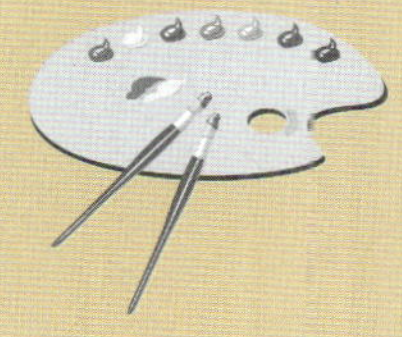

제5장 _ 동화가 된 수녀

소녀는 속으로 가만히 생각했습니다.
'신부님은 꿈을 먹는 어른이야.
어떻게 나를 수녀로 만드시겠다고.
그런 건 동화에서나 있을 수 있는 일이야.
세상 사람 누구도 이해 못할 틴데…….'

수녀들 : 종이에 파스텔, 41.0×31.8, 2000년

누가 하라 해서 되는 것도 아닌, 누가 말린다 하여
안할 수 있는 것도 아닌 이 수도의 길.

보이지 않는 기적

수녀회에서 첫 서원 예식이 있는 날.

수녀원 성당에는 6개의 촛불이 밝혀졌습니다.

백합과 황금색 장미로 장식한 제대에서 아련히 퍼져 나오는 향기. 전국에
파견되었던 선배 수녀들이 모이고 2년 동안 만나지 못했던 금지옥엽 딸의
복된 날을 축하하러 온 가족 친지들도 모였습니다.

어느 분이 세상에서 이해할 수 없는 일이 수녀들의 삶이라고 하였답니다.

수녀는 공원과도 같습니다.

잘 다듬어진 상록수 무리들, 적당한 위치에서 기품을 자랑하는 소나무의
솔향기가 싱그럽고, 군데군데 배치된 꽃밭과 적당한 위치에 분위기 있는
의자가 쉬어 가는 자리를 마련하고 있습니다.

그 앞에는 작은 연못에서 뿜어 나오는 분수 아래로 몇 마리의 오리가 동동
떠다니고, 산책하고픈 이들을 위해 이리저리 구부러져 도는 길가엔 꽃과 잎이
알맞게 그늘을 드리운 가로수 사이로 새들의 지저귀는 소리가 경쾌하고,
봄엔 벌 나비가, 가을엔 고추잠자리가 날아다닙니다.

그 공원은 구석구석 단정히 다듬어지고 말끔히 청소되어 있으며,
송충이 같은 해충은 물론 파리조차 별로 볼 수 없는 잘 손질된 곳으로 도심
한복판에서 잠시 휴식하며 지친 심신을 새롭게 할 수 있는 공간입니다.

수녀는 내면이 공원처럼 그렇게 다듬어져 있어야 합니다.

매일 새벽미사를 하고 하루를 기도와 일하는 시간으로 적절하게 배분하며,
일주일에 한 번은 밤샘기도를, 월에 한 번은 피정을, 1년에 한 번씩 8일 동안은

모든 것에서 벗어나 기도하는 시간을 만들어 영과 육을 갈고 닦아 항상 깨어
있는 영혼으로 다듬어서 이타적 사랑의 사도가 되어야 합니다.
아수라장 세상 속으로 뛰어 들어 우리에게서 평화를 얻고자 하는 이들의
마음의 안식처가 되어 주어야 합니다.

특히 우리 작은예수수녀회는 장애인과 고통받고 소외된 모든 이들과 함께
삶의 기쁨을 실천하는 곳이므로, 친어머니도 감당하기 힘들어 했던 10명
가까운 중증장애인들과 함께 먹고 자며 생활합니다.
그들을 돌보고 씻기고 닦고 밤에 잠자리를 돌봐주고, 아플 땐 병원에서 몇 날
며칠을 지새우고 가정의 어머니 몫을 해야 합니다. 예수님과 같은 이타적
사랑으로 수련되지 않고는 결코 해낼 수 없는 일이 중심이 되는
사도직입니다.
마음은 고요히 가라앉히고, 몸은 팔랑개비처럼 바삐 움직이게 하고,
모든 것에 모든 것이 될 수 있는 자아를 다스릴 수 있는 수녀이어야 하며
우리는 그렇게 하겠다고 약속을 하였습니다.
누가 시켜서도 아닙니다. 저 마음 깊은 곳에서부터 들려오는 부르심에
응답하는 오직 자신의 자유의지에 의해서일 뿐. 누가 하라 해서 되는 것도
아닌, 누가 말린다 하여 안할 수 있는 것도 아닌 이 수도의 길.

새로이 첫 서원하는 수녀들을 보며 세상 사람들이 알 수 없어 하는,
세상적으로 합리적으로는 이해할 수 없는 사랑의 속삭임을 들은 우리들의
마음을 서로 확인하며 한평생을 온 세상 사람들의 구원을 위하여 바치는
남모르는 보람을 가슴에 품습니다.
1년 간 꼭 필요한 물품만 지니고 세상과 격리되어 하느님의 정배로 평생을
살 수 있을지 알아보는 봉쇄기간을 지내고 나서 외부 활동을 나가면 볼펜
한 자루 선물 받아 필기구가 두 개가 된 것만으로도 너무 부자가 된 것

같습니다.

또, 때 지난 토큰을 들고 버스를 타서 기사님을 웃음짓게 하고, 개통 안한
지하철역에 들어가서는 열차가 왜 안 오나 하염없이 기다리며 서 있기도
하면서, 세상사는 것에 뭐 그리 아등바등 하는가, 맑은 하늘에 흰 구름이
흘러가는 듯한 여유가 마음속 깊은 곳에 자리잡게 됩니다.

누가 개와 고양이를 서로 원수지간이라 했던가요?
우리 수녀원의 개와 고양이처럼 한 밥그릇의 밥을 오손도손 같이 먹고,
한 상자 속에서 서로 몸을 기대 웅크리고 자며, 서로의 새끼들에게 젖을 먹여
주고, 고양이 새끼가 제 어미보다 개를 더 좋아하여 따라다니며 장난치고
그럴 수도 있는 건데…….
세상에서 가장 아름다운 기적은 돌 같이 굳은 마음이 살 같이 부드럽게 되어
서로를 있는 그대로 받아들이며 함께 어울려 살아갈 수 있게 되도록 마음이
변화되는 기적입니다.
우리 수녀들은 바로 그러한 보이지 않는 기적이 우리들 마음속에서도
일어났듯이 모두의 마음속에서 일어나도록 기도하며 보여지는 모습으로
존재하고 있는 것입니다.
이 세상에 보이는 물질세계 너머 보이지 않는 영적세계를 향한 희망의
믿음으로 단 한 번의 소중한 생애를 바치며, 세상의 그 어떤 가치보다
더 고귀한 가치를 따르고자 하는 우리들의 삶을 통해서 약육강식의 이승의
삶에 지친 영혼들이 평화와 안식의 빛을 타라볼 수 있다면…….
그것이 바로 사람들의 마음속에서 보이지 않는 기적이 일어나게 하는 변화의
작은 물결이 시작되는 것임을 믿습니다.

빛을 향하여 - 어린아이 : 캔버스에 유채, 25.8×17.9, 1999년

나의 주름 가득한 얼굴에 어느 순간 햇살과 같은 웃음이 확 퍼지도록
파안대소를 하는 할머니 수녀이고 싶은 것입니다.
이 소망은 이루어지리라 믿습니다. 나의 표정은 내 생의 모든 것을
순간순간 마음 안에서 어찌 풀어 가느냐에 따라 결과되어지는 것이기에.

햇살

해에 대해서 우리들이 일컫는 여러 가지 이름들은 해의 존재가 우리 생명에
절대적 존재이고, 감성적으로도 가장 희망적인 영상의 모습으로 존재하고
있기 때문일 것입니다.

햇님…… 아가들이 말을 배우며 옹알거리기 시작할 때 일컫는 이름입니다.
햇빛…… 햇빛에 그을은 손등, 햇빛에 말린 호박고지 등등 일상의 삶에서
만나는 모습의 이름입니다.
태양…… 장엄한 태양의 빛, 태양의 계절 등과 같은 말처럼 뭔가 강하고
무거운 느낌의 표현을 하고자 할 때의 이름입니다.

그리고 또 하나, 햇살이라는 이름이 있습니다.
'햇살 같은 웃음'. 우리는 어린아이 얼굴어 활짝 ㅍ어나는 웃음을 그렇게
부릅니다. '해맑은 표정'이라는 표현도 사심 없이 순수한 얼굴에 비껴드는
맑은 햇살과 같은 표정을 일컫습니다. 이 표현을 쓸 때도 우리는 '어린이와
같은 해맑은 표정'이라고 합니다.
햇살과 어린이.
두 낱말에는 우리에게 특별한 것을 느끼게 하는 공유된 무언가가 있다는 것을
느끼십니까? 어른들에게서도 햇살과 같은 웃음을 웃는 얼굴을 본 적이
있습니다. 오랜 인생의 풍상을 겪으면서도 오히려 사람살이를 깊고도 넓게
보는 안목을 터득한 노인들에게서 그런 웃음이 나타날 때가 있습니다.

그런데, '햇살과 같은 웃음', '해맑은 표정'이라 말할 때 우리 심성 깊은 곳에서 평화와 희망의 느낌이 솟아오른다면 우리는 이 표정을 잃지 말고 간직해야 하지 않을까요?

30대와 40대에서는 이 표정을 보기가 거의 불가능한 이유를 한번쯤 생각해 봐야 하지 않을까요?

우리 모두 어린이였었기에 어느 때까지는 햇살 같은 해맑은 웃음을 웃고 있었습니다. 그 어느 순간부터 잃어버린 그 웃음을…….

나의 인생에서 놓치고 싶지 않은 소망중 하나는 60, 70대까지 이승에 머물러 있을 수 있다면 나의 주름 가득한 얼굴에 어느 순간 햇살과 같은 웃음이 확 퍼지도록 파안대소를 하는 할머니 수녀이고 싶은 것입니다.

이 소망은 이루어지리라 믿습니다. 나의 표정은 내 생의 모든 것을 순간순간 마음 안에서 어찌 풀어 가느냐에 따라서 결과되어지는 것이기에.

맘먹기

선연한 진분홍의 진달래꽃이, 눈이 시도록 샛노란 개나리꽃이 흐드러지게
산야를 뒤덮고 있는 초봄.
너무너무 바빠서, 또는 무슨 일로 슬퍼서, 그리고 요즈음은 경제적 곤란이
있어서 지금 꽃구경이 문제냐는 분들이 우리 주위에 많이 있습니다.
그렇지만 세상이 주는 시련의 쓰라림으로 해서 단 한 번뿐인 생명이 머물다
떠날 자리, 그 주위에서 스치며 반짝이는 기쁨과 경탄의 작은 눈짓들조차
놓치고 산다면 위대하지도 못하고, 거물급 인물도 못되는 우리의 작은 몫의
한 생애가 너무 슬프지 않습니까?
누가 어찌 해주기를 기다리기보다 스스로 싱그러운 감동의 작은 물결들을
찾아내어 건조한 일상에 생기로 스며들 수 있도록 우리 삶의 시간들을
풍요롭게 채워가야 하지 않을까요. 물질의 풍요만이 풍요가 아닌
것이기에…….

쓰라린 아픈 순간은 누구에게나 있습니다.
파도처럼 밀려왔다 밀려가는 그 고비고비에서 슬픔이 나를 사로잡게 그냥
둘 수는 없지 않을까요. 아픈 마음 아플 만큼 아프라고 두고 한 걸음 비켜서서
옆을 둘러보면 시멘트 블록으로 뒤덮인 도로 틈새를 뚫고 피어나는 민들레의
푸른 풀잎이 있습니다. 그 모습이 감탄스럽지 않습니까?
먼 하늘에 눈길을 줄 때 아직도 하늘은 청자빛 푸르름을 간직하고 있다는
것을 눈치채는 순간 천년의 평화로움이 마음속 깊이 퍼질 것입니다.
귓불 밑을 스쳐 가는 바람결을 눈감고 느껴보면 따사롭고 간지러운 봄바람의

여인 5 : 종이에 파스텔, 45.5×33.3, 1997년

사랑도, 기쁨도, 행복도 우리의 맘먹기인 것입니다.

꽃향기가, 폭발할 듯 열정을 담고 있는 여름날의 열기가, 땀 흘린 결실의
황금물결이 햇빛과 어우러져 바람조차 황금빛으로 물든 가을의 충만함이,
귀 끝을 얼리며 쌩쌩거리는 겨울 눈발이 일상에 지쳐 둔감해지는 감성을
따듯이 새롭게 일깨워 줄 것입니다.

바로 우리 서 있는 그 자리, 두 발이 딛고 있는 그 자리에서 오색 영롱히 빛을
발하고 있는 보석들을 찾아보세요.
미지를 탐험하러 떠나는 탐험가처럼 이 일상의 보석줍기도 중요한 것은
마음 자세, 꿋꿋한 신념과 항구한 끈기가 절대 조건입니다.
그리고, 내 먼저 찾은 보석이라고 꽁꽁 싸매어 두지 마십시오. 이 보석은
오히려 이웃과 나눌 때 사랑의 온기를 가득 품은 빛을 내뿜기 때문입니다.
이렇게 스스로 작은 기쁨을 사는 것에 초점을 맞추다 보면 우리는 발견할 수
있습니다.
어느새 시련의 순간이 지나가고 있다는 것을, 행복한 삶은 주어진 인생
조건에 좌우되지 않는다는 것을, 다가오는 매순간 어느 쪽을 향하느냐의
선택에 좌우되는 것을…….

사랑도, 기쁨도, 행복도 우리의 맘먹기인 것입니다.

묵주기도 : 유화, 53.0×43.5, 2002년

나는 인생에 이룰 수 있는 꿈과
이룰 수 없는 꿈이 교차하고 있음을 압니다.

간직하고픈 꿈 하나

지하철을 타러 가는 길,
도로변 인형노점상을 지날 때마다 스치는 아련한 느낌.
귀여운 표정의 여러 동물 인형,
상상력이 넘치는 추상적 맵시의 인형들 속에
의젓이 자리를 차지하고 있는
어린이 크기만한 백곰 인형, 토끼 인형, 고릴라 인형들.

어린 시절의 이루지 못했던 꿈 하나가
안개처럼 마음에 스며듭니다.
엄마와 아빠, 할머니, 오빠, 언니, 동생,
그리고 학교 선생님, 교실 짝꿍,
이쁜 친구 서넛, 미운 친구 두엇,
세상이 그것만으로도 너무 넓고 충만했던 초등학교 시절.
내 몸 크기만한 토끼 인형이 너무너무 갖고 싶었습니다.
생일선물로 꼬까옷보다 더 받고 싶었던
어린 소녀의 절실한 꿈이었습니다.

이제는 내가 사려고만 하면
당장 그 꿈의 인형을 품에 안을 수 있습니다.
그러나 나는 수시로 인형가게를 지나가면서도
그 아련한 놓쳐 버린 꿈의 정한(情恨)이 주는 애틋함을 느끼면서도 그냥 스쳐만 갑니다.

한 생애를 정리하기 시작할 나이가 된 지금,
나는 인생에 이룰 수 있는 꿈과
이룰 수 없는 꿈이 교차하고 있음을 압니다.
그리고 어느 나이 때엔 전 우주와 같았던 소망도 시간이 흐르며
망각 속에 덮일 수 있다는 것 또한 알게 되었습니다.

그러기에 이승의 삶을 접고 떠날 때
이러저러한 다 이루지 못한 꿈들 중에
어느 하나만은 꼭 붙잡아
내 생애의 가장 소중한 자리에서 한 몫을 하고 있었음을
겸손되이 감사할 수 있기를 기도합니다.

경제 한파가 몰아치며 우리 삶의 안정감을 뒤흔들고
인간관계의 신뢰가 그리운 이 시련의 시기에
오히려 진정 지녀야 할 가치롭고 귀한 꿈 하나를
마음속 저 깊디깊은 자리에 간직하고
고이고이 키우며 살고 싶습니다.

함께 사는 이웃에게 평화와 기쁨의 빛으로
다가갈 수 있는 꿈 하나를 서로 배려해 주고,
서로 이끌고 밀어 주며 삶을 나누는 참사랑의 소망 하나를
정성스레 갈무리하며 살고 싶습니다.

청포도

여린 청록빛 갸름한 포도알을
입안에 넣고 톡 깨무는 순간
상큼하고 달콤한 과육이 온 입안에 퍼지며 녹아내리는 청포도.
온 몸을 휘감는 무더위와 한낮의 태양 빛이 강렬한 여름이 밀려오는
바로 그 선두에 청포도가 있습니다.

우리 삶의 어느 고비에선가
시련의 폭풍 속에서 혼미하여 허둥댈 때,
청포도와 같은 벗을 그리워해 봅니다.
육신과 정신마저 지쳐버리게 하는 끓는 열기의 계절 여름을
산뜻하게 씻어내는 청포도 한 송이 같이
한마디 위안의 몸짓으로 의기소침의 어둠을 밝히는
한 줄기 빛 같은 벗 하나 내 곁에 있어 준다면…….
내 한 생애 그로 인하여 저 깊은 마음 한자리에
흔들림 없는 평화를 간직하며 살아낼 수 있으리…….

아니, 아닙니다.
우리는 왜 누군가가 나에게
그러한 벗이 되어 주기만을 생각하고 있을까요?
내가 누군가에게 그러한 벗이 되어 주고 있는지를
짚어봐야 하지 않겠습니까?

얼굴 - 이희경 : 종이에 파스텔, 45.5×33.3, 1997년

한마디 위안의 몸짓으로 의기소침의 어둠을 밝히는
한 줄기 빛 같은 벗 하나 내 곁에 있어 준다면…….

지금, 참으로 나로부터 누군가의 곁에서
청포도 같은 벗이 되어 주고자 소망하며 행동한다면,
냉혹한 세상살이에서 긁힌 상처들을 싱그럽게 씻어주는
청포도 같은 벗들이 송이송이 맺혀 가고,
그 한 송이 한 송이가 엮어지며
포도넝쿨처럼 무성히 가지 뻗어 가는 벗들의 마음들이
그래도 아직 따듯함을 서로 나누며
세상은 살아볼 만하다고 느끼게 해주리라 믿습니다.

결실 2 : 캔버스에 유채, 53.0×45.5, 1990년

단풍과 낙엽처럼 만감을 느낄 수 있는 속성을 지닌 사람살이이기에,
고귀한 보석이듯 갈고 닦이는 그 시간의 흐름 속에서
어느 순간, 우주를 주관하시는 섭리의 손길에 이끌어지고 있는
우리 모두라는 깨달음에 닿을 수만 있다면……

단풍과 낙엽

한여름 무더위에 영근 갖가지 결실들을 맛보는 행복함과
아침저녁 쌀쌀한 기운이 얼어붙는 추위를 예고하는
을씨년스러움이 느껴지는 가을.
단풍 하면 뭔가 화사한 감흥의 풍요로움이,
낙엽 하면 뭔가 처연한 감성의 메마름이 느껴집니다.
우리네 삶의 모습도 이와 같이 빛과 어둠이 뒤섞이는,
기쁨과 슬픔이 엇갈리는 면면들로 점철되어 있습니다.

노년의 어르신들이 사람살이에 대해 넉넉하고 관조적일 수 있음은
인간 실존에 공존하는 선악에 대한 모호성을 터득한 후에 오는
관용일 것입니다.
젊은이들의 피끓는 정의감과 도전의식은
단풍과 낙엽 같이 한 사물에서 두 가지 속성을 느낄 수 있는,
아니 서너 가지씩도 느낄 수 있는 인간사에 대한 처득이
아직은 적기 때문일 것입니다.
우리네 사회는 이 젊은 혈기와 노년의 지혜의 덕이
쇄신과 안정으로 접목되어야만 개혁과 전통이 어우러지며
함께 정겨운 모습으로 사는
살맛나는 세상이 되는 것이라고 믿습니다

깊어 가는 이 가을에

방방곡곡 산야를 찾아드는 단풍놀이 소식을 들으며,
새벽미사 길에 본 낙엽을 쓰는 미화원을 보며,
나의 삶의 성취와 실패의 순간들이 떠올립니다.
환호하며 뛸 듯이 기뻤던 순간들,
통곡이 터져 나오는 고통의 순간들,
우주공간에 홀로 있듯이 허허로웠던 순간들,
기쁨과 고통을 함께 나누고자 하는 사람들이 곁에 있는 것만으로도
살아 있을 가치가 있다고 뿌듯했던 순간들.

단풍과 낙엽처럼 만감을 느낄 수 있는 속성을 지닌 사람살이이기에,
고귀한 보석이듯 갈고 닦이는 그 시간의 흐름 속에서
어느 순간, 우주를 주관하시는 섭리의 손길에 이끌어지고 있는
우리 모두라는 깨달음에 닿을 수만 있다면…….

보다 넓은 사람, 보다 큰 사람,
보다 따사로운 햇살 같은 사랑의 사람들이
아픈 이웃, 슬픈 이웃,
떨리는 어깨를 감싸는 손길을 필요로 하는 이웃과
마음을, 시간을, 소유한 물질들을
함께 나누며 살아가는 복된 세상으로 한 발자국 나아갈 것이리니.

겨울 여행

겨울은 우리에게 겸손을 배우게 합니다.
앙상한 가지를 드러낸 나무들이
시베리아로부터 불어오는 얼음 바람의 혹한 속에서
자신의 생명력을 놓치지 않기 위해 홀로 고군분투하는 것을 보며
어찌 교만에 빠질 수 있겠습니까?

겨울은 우리에게 더불어 함께 사는 사람살이를 감사하게 합니다.
하루의 일을 끝내고 해 떨어지는 어둑함 속에서
두텁게 껴입은 옷깃 사이로 파고드는 냉기를 온몸에 느낄 때
따스한 가족들과의 식사와
웃음 띤 얼굴로 마주 볼 수 있는 이웃이 있음을
어찌 소중히 여기지 않겠습니까?

겨울이 우리에게 인생의 곤함과
그러기에 더욱 고귀한 사람살이를 깨우쳐 준다면
우리는 여행을 겨울에 떠나야 합니다.

갖가지 현란한 꽃들이 내뿜는 봄 향기가
노곤함을 퍼뜨리는 봄날,
눈이 시리게 싱그러운 푸르디 푸른 녹음이 손짓하는 여름,
무지개를 수액 깊숙이 빨아들인 듯

여인 2 : 종이에 파스텔, 45.5×33.3, 1997년

우리 생의 모든 것을 애틋하게 아끼는 마음이 우러나게 하고,
수십 억의 사람과 사람 중에서 너와 나의 만남이 바로 기적인 것을
깨닫게 하는 이 혹독한 계절에 우리는 벌거벗은 산야와 얼어붙은
대기 속으로 떠나야 합니다. 겨울 여행을……

오색찬란한 단풍이 현란한 가을.

그렇듯 마음을 산란케 하며
눈길을 빼앗는 화려함으로 치장된 계절이 아닌
우리 생의 모든 것을 애틋하게 아끼는 마음이 우러나게 하고,
수십 억의 사람과 사람 중에서 너와 나의 만남이
바로 기적인 것을 깨닫게 하는 이 혹독한 계절에
우리는 벌거벗은 산야와 얼어붙은 대기 속으로 떠나야 합니다.
겨울 여행을…….

나목 : 종이에 연필, 25.8×16.0, 1999년

고통의 성모님 : 캔버스에 유채, 41.0×31.8, 1985년

그럼에도 나는 다시 태어난다 해도 이 몸 이대로를 선택할 것입니다.

그의 마음이 되어

누군가가 물었습니다.
"다시 태어난다면 어떤 몸이고 싶으세요?"
"다시 태어나도 이대로……."
믿기지 않는 표정을 짓는 그를 향해 미소를 지었습니다.
정말 건강한 몸이고 싶습니다.
내 발로 층계를 올라갈 수 있어서 누군가에게 고맙다는 말을 안 해도 된다면
너무 좋겠습니다.
내 손으로 물을 따라 마시고 옆에 사람에게도 따라 주고는
내가 컵을 씻어 놓을 수 있다면 너무 좋겠습니다.

그럼에도 나는 다시 태어난다 해도 이 몸 이대로를 선택할 것입니다.

영세 받은 후 처음으로 여성장애인들이 피정 하는 곳을 갔었습니다.
피정을 지도하던 윤 신부님이 제게 다가와서 말했습니다.
"나를 위해 기도해 주시겠습니까?"
그 말씀의 뜻을 몰라서 머뭇거리는 내게 같은 질문을 한 번 더 하셨고
나는 엉겁결에 대답을 하였습니다.
장애인이 되는 것은 전생의 업보라는 전통적 가치관에 절어 있던 나에게
이것은 화두였으니, 나는 더 없이 비참한 병신이고 저분은 거룩하고 드높은
신부님이신데 내가 신부님께 기도를 부탁해야지 어떻게 신부님이
내게 기도를 부탁하는가.

고통받는 이들에 대한 예수님의 치유의 행동들과 시각장애인을 본 제자들이
'저 사람이 저렇게 된 것은 부모의 죄입니까 본인의 죄입니까' 하고
물었을 때 부모의 죄 탓도 본인의 죄 탓도 아니고 다만 하느님의 영광을
드러내기 위해서라고 대답하신 말씀을 알게 되었고,
고통받는 의인에 대한 예언대로 죄 없는 거룩한 하느님의 아들이시면서
인간의 고통을 짊어지고 십자가에서 조롱과 비웃음 속에 죽으시고
부활하시어 인류의 구원의 길을 여신 예수님의 일생을 바라보며 그 뜻을
조금은 알 것 같아질 때 다미안 신부에 대해 알게 되었습니다.
유럽에서 나병환자들을 천형의 벌이라 여기며 태평양의 작은 섬 몰로카이에
격리시켜 죽을 때까지 나오지 못하게 하고 있을 때 다미안 신부는 건강한
몸으로 그 섬에 자청해 들어갔다 합니다.
그들과 같이 먹고 자고, 치료해 주고 기도해 주며 살다가 자신도 나병에
걸려 그들과 똑같은 모습으로 코가 문드러지고 손가락이 뭉툭해지며 감각이
마비되어 죽어 갔습니다.

어떤 분이 내게 기도를 부탁하였습니다.
그 분은 너무도 억울한 시련을 겪고 있었습니다. 그분을 위해 기도하며 너무
마음이 아팠고, 자신의 탓 없이 고통을 겪는 그분의 마음이 되어 쓰리고
괴로웠습니다.
그 순간 깨달았습니다. 열 살 어린아이 때 병이 나서 나의 의지만으로는
어떻게 할 수 없는 절망의 어둠 속에서 통곡해보지 않았다면, 지금 나는
아마도 저 분이 겪고 있는 일에 대해 뭔가 자기 탓이 있겠지 하고 말하고
있었을 것이라는 것을.
내가 어찌해서도 아닌데 이 몸이 되었고, 이 거추장스러운 거북이 껍질 같은
몸에서 어떻게 해도 벗어날 수 없는 가혹한 운명을 앞에 놓고,
그로 인해서 겪어야 했던 차마 말 못할 참담한 일들을 되새겨 보면

여인 8 : 종이에 파스텔, 45.5×33.3, 1997년

그 누구의 어떤 어려움에 대해서도 욥의 친구들처럼 쉽게 입을 놀릴 수 없게
됩니다.

그렇습니다.
나에게 기도를 부탁하는 이들의 막막한 그 마음이 되어 기도할 수 있는
깨달음을 얻게 해준 몸이기에 나는 다시 태어나도 이대로의 몸을
취할 것이라고 말하고 있는 것입니다.
세상에 영적으로 깨어나지 못한 이들이 있기에 하느님의 아들이 사람 속으로
오셨고, 세상에 나병환자가 있었기에 다미안 신부는 그들 속으로 들어간
것이고, 장애인이 하느님의 영광을 드러내기 위한 존재라면 나의 장애된 몸은
고귀한 가치를 지니고 있는 몸인 것입니다.
누구나 마더 데레사이고 싶습니다.
누구도 마더 데레사의 구호를 받는 대상이고 싶어 하지 않습니다.
그러나 인도 캘커타의 거리에 버려지는 이들이 있습니다.
하느님께서 나에게 이 같은 몸 되어 그 고난을 똑같이 짊어지고 기도하라고
만드시고 그 뜻을 깨달을 수 있게 하신 것이라면 나는 이대로의 삶을
다시 한번 살 수 있습니다.
세상적으로는 두 번 다시 살고 싶지 않은 그 속에서, 세상적으로 드높여지는
그 어떤 삶 속에서도 건질 수 없는 보화를 찾아내었기 때문입니다.

동화가 된 수녀

키가 큰 편인 한 소녀가 있었습니다.
운동시간에 뒤에서 세 번째 서고, 교실에서는 맨 뒷줄에 앉던,
얼굴은 둥글고 눈은 쌍꺼풀이 없는 갸쭉한 한국인의 눈 모양새 그대로인
소녀였습니다.
모든 소녀들처럼 하느님께서 그 안에 심어 놓은 착하고 여린 마음이 가득해
점심을 못 먹는 반 친구를 보면 엄마를 졸라서 도시락 한 개를 더 갖고 와서
함께 먹기도 하고, 학급별로 저축을 했는디 학년이 올라가면서
지난 학년 것을 못 찾고 있는 친구 손을 잡고 담임선생님을 찾아가서
대신 말해주기도 하면서 초등학교를 즐겁게 다녔습니다.

국어와 사회는 아주 성적이 좋았지만 수학은 정말 싫었고,
노래를 좋아했는데 음악성적은 언제나 중간,
한문시험 때 열 문제 중 한 문제만 맞아 부모님 도장 받아오라는 선생님
말씀에 너무너무 마음을 졸이고 떨면서 밤을 지샌 후 학교 가기 직전에야
엄마에게 보이고 도장을 받았던 소녀.
양재 솜씨가 좋으신 엄마가 직접 옷을 만들어 입혀 주곤 했는데,
언니 옷이 더 예뻐 보이면 금방 눈물을 뚝뚝 흘려 욕심 많다고 꾸중 듣고,
오빠들이 놀다가 앞짱구 뒤짱구 하고 별명을 부르며 놀리면 하루 종일 눈물을
펑펑 쏟아 울보라는 별명 하나를 덧붙인…….

그런 너무도 평범한 보통 소녀가 병이 났습니다.

자화상 : 캔버스에 아크릴릭, 25.8×17.9, 1998년

"어떻게 수녀가 될 수 있었어요?"
"저도 잘 모르겠어요. 동화 같은 꿈을 꾸는 신부님하고 사랑은 모든 것을
할 수 있다고 믿는 예수님하고 둘이서 하신 일이어요. 전 다만 그렇게 하는
것이 옳은 일 같아서, 그렇게 하면 마음이 편하고 기쁘니까 열심히 따라갔
을 뿐이에요."

관절뼈 속이 곪아서 못 쓰게 되는 불치의 병. 소녀는 3년 동안 아프면서 그만
온몸의 관절이 굳어지고 양쪽 손만 조금씩 움직일 정도가 되어 완전히 누워서
살게 되었습니다.
처음엔 가끔 친구들이 찾아오곤 했지만 차차 엄마, 아빠, 오빠, 언니,
동생 외에는 아무도 못 만나며 책과 라디오, TV를 통해 세상을 배우고
어른이 되어 갔습니다.
책 속에서 읽었던 장소로 가서 그 주인공들과 만나 이야기하는 꿈을 꾸었고,
라디오에서 들었던 음악을 연주하는 음악회에서 생생한 악기 소리와 노래를
듣는 꿈을 꾸곤 했습니다. TV에서 본 아름다운 풍경들과 시장의 활기찬
북적거림 속에 섞여서 건강한 두 다리로 왔다갔다 하며 살고 있는
꿈을 꾸곤 했습니다.
그런 꿈을 꾸다가 잠이 깬 아침이면 작은 방 사방 벽이 너무도 답답해져
목까지 차오르는 눈물을 삼키고……

그러면서도 활발한 기질의 소녀는 그림을 그리기 시작했습니다.
재떨이도 그리고, 꽃병도 그리고, 찻잔도 그리고, 엄마도 아빠도 그리고,
아기조카도 그리고, 집안의 모든 것을 그렸습니다.
그러던 어느 날 눈부시게 따사로운 햇살이 비껴든 방안에서 아빠 책상 위에
놓여 있는 한 권의 책을 읽으며 예수님의 사랑과 만나게 된 소녀의
마음속에서 무슨 일이 일어났는지 아무도 몰랐답니다.
엄마를 졸라서 근처 성당에 연락하고, 신부님이 소녀의 집으로 오셔서 영세를
주시고, 대모님이 말하길 영세 때 드리는 기도는 하느님이 다 들어주신다고
하셔서 소녀는 일어나서 걷게 되기를 간절히 간절히 기도했습니다.

예수님의 사랑을 따르겠다고 고백하던 날,
그 기쁨의 날 이후 소녀는 건강한 이들과 장애인들이 함께 기도하며

살고 있는 기도하는 공동체에 들어가서 살게 되었습니다.
수녀라고 하는 삶이 있다는 것에 알게 되었을 때 이 세상 어떤 일보다
가장 하고 싶다고 매혹되었지만 장애인이었기에 아예 생각도 않고 있었는데
매일 미사를 할 수 있고, 수도자의 기도를 바치며 살 수 있다니!
너무 행복한 소녀에게 신부님께서는 앞으로 건강한 이들과 장애인들이 함께
수도생활을 하는 수녀회를 만드시겠다고 하셨습니다.
소녀는 가만히 생각했습니다.
'신부님을 꿈을 먹는 어른이야. 어떻게 나를 수녀로 만드시겠다고?
그런 건 동화에서나 있을 수 있는 일이야. 세상 사람 누구도 이해 못할
텐데……'
그러면서도 기도와 성서 읽기를 정말정말 열심히 했답니다.
기도를 하면 이 세상 모든 것이 다 예수님의 사랑 안에 있다는 느낌을 받게
되는 것이 너무너무 좋아서. 성서를 읽으면 우리 모두가 그렇게 선한 사랑의
마음으로 살 수 있는 세상이 금방 이루어질 것 같은 느낌을 받는 것이
너무너무 좋아서 그 느낌들을 마음 속 깊이깊이 받아 들였습니다.

성탄절 날 밤,
동방박사들이 유난히 크게 빛나는 별을 발견하고 세상을 구원하실 왕이
나셨다고 그 별을 따라 먼 여행을 했듯이, 소녀는 기도와 성서 안에서 느끼게
되는 그 기쁨과 평화가 예수님이 사는 하늘나라로 갈 수 있는 길이라 믿고
따라 갔습니다.
함께 살고 있는 장애인들과 건강한 이들을 위해 말 한마디라도 좋은 말,
희망의 말, 위안의 말을 하고자 하였고, 누군가를 위해서 마음으로라도 할 수
있는 배려를 다하려 노력하니 몸에 장애가 있어도 다른 이들을 위하여 할 수
있는 일이 얼마든지 많다는 것을 알았습니다.
소녀는 진짜진짜 다른 사람들과 함께 삶의 기쁨을 나누며 사는 것이 가장

함께 사는 예수님 : 캔버스에 유채, 60.6×50.0, 1995년

아름답게 사는 것이라고 믿고 그렇게 열심히 살았습니다.
지금 그 소녀는 수녀가 되어 있습니다.

'꿈을 먹는 어른' 박성구 신부님께서 드디어 추기경님의 허락을 받고
건강한 이들과 장애인들이 함께 수도생활을 하는 '작은예수수녀회'
창립식을 하면서 소녀에게 "네 안에는 빛이 있다" 하시며 수녀회 1기생으로
선택하셨고 종신서원식을 한 후에는 원장수녀로 임명하셨습니다.
소녀는 이제 지하철을 타고, 배를 타고, 비행기도 타며 전국에 있는
장애인공동체를 방문하고 미국, 일본, 중국도 다녀왔습니다.

영세 받을 때 일어나 걷도록 기도했던 것을 모두 다 님의 방법으로 들어주신
거라고 소녀는 믿는답니다.
소녀가 따라간 그 사랑의 별이, 꿈에서만 보고 느꼈던 모든 것을 진짜가
되어 살게끔 이끌어 주었다고 믿는답니다.

만나는 사람들마다 소녀에게 묻습니다.
"어떻게 수녀가 될 수 있었어요?"
소녀는 대답합니다.
"저도 잘 모르겠어요. 동화 같은 꿈을 꾸는 신부님하고 사랑은 모든 것을
할 수 있다고 믿는 예수님하고 둘이서 하신 일이어요. 전 다만 그렇게 하는
것이 옳은 일 같아서, 그렇게 하면 마음이 편하고 기쁘니까 열심히 따라 갔을
뿐이에요."

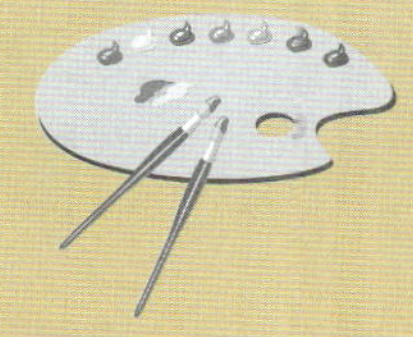

제6장 _ 이전에 없던 일들을 이루다

…개정판에 더하는 이야기

다윗의 돌팔매의 작은 돌멩이처럼 가장 나약하고
불가능해 보이는 몸이지만, 그럼에도 세상의 없던 일들의 중심에
설 수 있었음은 제 생애의 고비고비마다 사랑으로 동행하는
이들이 있었기 때문입니다.

예수 스케치 : 한지에 먹, 로마 베드로광장 현장 스케치, 2001년

우리 일행은 많은 분들의 배웅 속에 마음 깊이 감사 기도를 바치며
20여 일 간의 설레는 로마 전시회 길에 올랐습니다.

로마 전시회

2001년 12월, 로마 라삐냐 화랑에서 갖게 된 개인미술전 개막식.

구(舊)로마에 위치한 교황청 직속 라삐냐 화랑…….
고색창연한 돌들이 깔려 있는─서구영화에서 본 것과 같은─ 1층 화랑문
앞에서 테이프 커팅을 하고, 모두 함께 전시회장을 돌며 작품설명회를
여는 것으로 개인전은 시작되었습니다.
개막식 후 화랑 옆 건물 2층에서는, 밀라노에서 성악을 공부하는 신부님의
조카 박성희 양의 축가가 울려 퍼지는 가운데 '로마한국 신학원' 신부님들,
한인교회 교민들, 로마 가톨릭 미술가 협회원들, 즈(駐)바티칸 대사관 직원들,
주이탈리아 대사관 직원들, 교황청 관련 주교님 등 100여 명의 하객이
참석하는 축하식이 개최되었습니다.
(축하식을 마련해 주신 주바티칸 한국대사관 배양일 대사님의 배려에
깊은 감사를 드리며 행동하는 사랑을 보여 주시는 생애에 축복받으시기를
기도 바칩니다.)
다과회 내내 도록에 사인을 요청하는 로마 카톨릭 미술가협회분들의
모습을 보며 지난 시간들이 꿈결같이 눈앞을 스쳐 갔습니다.

2000년 7월에 있었던 예술의전당에서의 개인전 때처럼 마음속으로부터 할 수
있다는 가능성을 열어두고자 그해 9월 먼저 로마 성지순례를 한 것이
그 시작이었습니다.
그때 바티칸 교황청 앞에서 소망 하나를 품었습니다. 남다른 생애를 계획하

신 예수님께 전시회를 봉헌하여 주님 뜻 안에서 소명을 잘 이루어 갈 수 있도록 감사와 청원 기도를 바치리라는 꿈을 꾸게 되었던 것입니다.

그리고 전시회를 위한 답사를 하고 돌아와서 준비해 온 1년 동안의
시간들……
먼저 전시회 주제와 규모를 정하고, 소요 비용의 예산액을 산정하고,
20여 년 동안 그려온 모든 그림들을 예술의전당 전시 작품을 중심으로
총 점검했습니다. 아울러 새 그림을 그리기 위한 노력을 계속하는 가운데
전국 방방곡곡 성당과 천주교 행사장을 찾아 모금 활동을 했습니다.

모금 활동은 2001년 봄에 출간한 자전적 그림에세이집 《동행》이 큰 힘이
되었습니다. 《동행》의 판매를 통한 모금 활동으로 전시회 비용의 절반이 충당
되었으니……
(예술의전당 전시회에 오셨다가 책 출판을 제의해 주신 ‘오늘의 책’
최순철 사장님께 진정으로 감사의 인사를 올립니다.)

모금 판매하며 만났던 분들에 대한 고마움도 이루 다 표현할 길이
없습니다. 특히, TV에서 나의 모습을 보고 천주교 영세를 받게 되었다는
감곡 성당에서 만난 분, 천주교 공무원 피정에서 가족 단위로 오신 분들 등의
적극적인 호응으로 무려 1,000권 가까이를 판매할 수 있었습니다.
또, 성체현양대회와 순교자현양대회 등에서의 감동적인 격려와 헌금들,
그 외중에 정웅모 신부님의 초대로 평화화랑에서 제2회 개인전을 개최하며
그림 판매와 모금에 더욱 탄력을 받게 되었습니다.
바로 그렇게 헤아릴 수 없이 수많은 마음들이 모여 이룬 결실이니……
서울에서 제주도까지 방방곡곡을 누비며 찌는 듯한 8월 더위에 욕창 위험을
감수하고, 겨울날 뼛속까지 스미는 찬 기운에 떨기도 하며 그런 활동량을

감당하였다는 것이 스스로 놀라울 뿐입니다.

그렇게 2000년 겨울, 2001년 봄과 여름이 지나고 가을로 접어들면서 전시회 준비는 구체화되어 갔습니다.

예상치 못한 문제도 있었습니다. 신체 조건상 누워 있는 자세로는 일등석을 타는 것만 가능해서 왕복 항공료 해결이 큰 걸림돌이 되었습니다.

그냥 그림만 보내야 하는가 하고 심각하게 생각하고 있던 중 중증장애인의 이동권 문제를 제기하는 의견에 주목하여 KBS 시청자칼럼 등 매스컴에서 동조하여 주고,

공군의 류보령 중령님이 차와 배로 14시간 걸리는 제주도 왕복을 허큘리스수송기를 주선해 1시간 만에 갈 수 있도록 대민봉사하여 준 사연이 '아름다운 비행' 으로 기사화되면서 뜻밖의 행운이 찾아왔습니다.

세계 최초의 중증장애인 수녀의 전시회라는 점에 대한항공에서 한국의 국위선양과 사회공헌 차원의 결단을 내려서 무료 왕복 티켓을 기부하여 주기로 정하였습니다. 이 일이 이루어지기까지 선의의 교섭을 하여 주신 모든 분들께 재삼 깊은 감사를 드립니다.

그런 은혜로운 사랑에 용기백배하여 배양일 대사님과 긴밀한 연락을 취하며 그림 배송과 현지 일정을 협의하였습니다.

작은예수회에서도 세상에 없던 일에 도전하는 장정을 응원하고자 박성구 신부님의 영성에 따라 수도자 동기들, '작은예수인' 들이 성지순례를 겸해 함께 전시회에 참가하기로 결정하는 축복 또한 받게 되었습니다.

드디어 출발일.

우리 일행은 많은 분들의 배웅 속에 20여 일 간의 설레는 로마 전시회 길에 올랐습니다. 비행에는 대한항공 최초의 스튜어디스 출신 여성이사이신 이금택 이사님이 직접 탑승을 체크하고 동행하여 주는 고마운 배려도

비무장지대로 가자 : 캔버스에 혼합재료, 486.6×130.3, 2001년

있었습니다.

로마 공항에서는 배양일 대사님이 직접 나오셔서서 맞아 주셨습니다.

대사님은 내가 긴 침대휠체어에 누운 자세 그대로 탈 수 있도록 개조한 차를
가져오시어 로마에 있는 동안 타고 다니라고 하셔서 또 한번 감동의 마음이
울컥하였습니다.

우리는 곧바로 전시회장으로 향하여 다음날의 개막식을 위한 마무리 준비를
하느라 밤늦게까지 정신없는 시간을 보냈습니다.

우리가 도착하기 수일 전 로마 한인교회에서 주보를 통해 저의 전시회 홍보를
해주어 어머니회에서 김밥과 라면, 김치 등을 가져와 야참을 한국식으로 먹는
축복도 있었습니다.

밤이 늦어서야 도착한 숙소는 전시장에서 약 30분 거리인 '살레시오 수도회
피정센터'. 작년의 약속대로 윤루가 신부님께의 주선하신 곳으로,
로마 외곽에 새로 지은 건물이라 깨끗하고 복도가 널찍하며 식당으로 가는
길에 경사로도 있어서 휠체어로 이동하기가 너무 자유스러웠습니다.

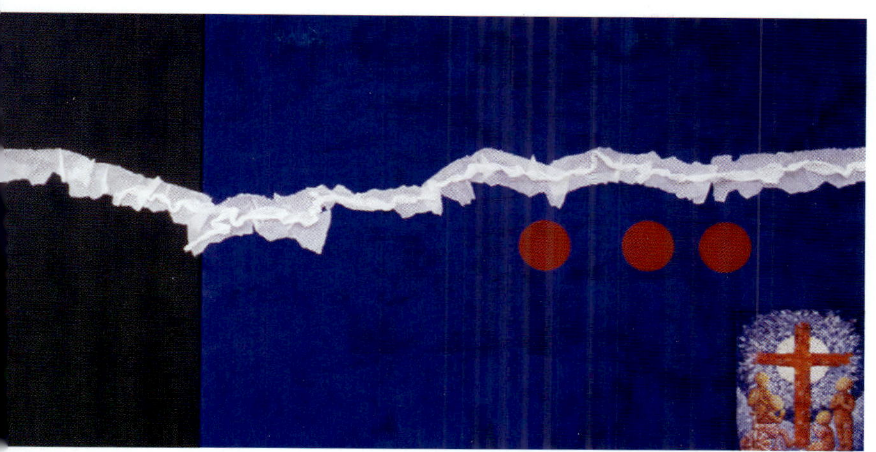

편의시설이 훌륭한 곳에 머물 수 있게 도의주심에 감사하며 로마에서의
첫 밤의 눈을 붙였습니다.
또 하나 감사한 일은 20여 일 타국에서 현지 음식만 먹으리라 생각하고
고추장 등을 전혀 준비하지 않았었는데, 의외로 이탈리아 음식이 입에
잘 맞아서 어려움이 없었다는 것입니다.

개막식 날 아침, 신부님께서 새벽미사를 봉헌하여 주시며 하루를
시작했습니다.
이후 피정센터 소성당에서 매일 새벽미사를 해주신 신부님 은덕으로
예수님께서 함께하신다는 든든함에 낯선 도시에서 느낄 수 있을 불안감 없이
전시회에 늠름하게 임할 수 있었습니다.
로마에서는 화랑의 운영 방식이 한국과 약간 달랐습니다.
사람들이 점심을 가족과 함께 2시간 이상 걸려 먹는 편이어서 그때는 전시장
문도 일시 닫으며, 대신 저녁 8시까지 관람할 수 있게 한다고 하였습니다.
한국 교민들이 점심시간에 많이 올 것이라고 해도 예외는

안 된다고 하니…….
처음엔 무척 난감했는데, 하지만 그 시간을 활용해 뜻밖의 호사를 하는
기회를 얻을 수 있었습니다. 한국에서의 전시회라면 매일 꼬박 화랑을
지켜야 하기에 엄두도 못 냈을 시간 활용을 할 수 있게 된 것이지요.

그리 멀지 않은 곳에 위치한 베드로 대성당에 가서 미켈란젤로의 피에타,
라파엘로 등 서양화의 역사적인 명화들을 심도깊게 감상할 수 있었고,
인근 명승지를 돌아 볼 수 있었고, 400년 전통의 피자집도 가볼 수
있었습니다.
덕분에 가톨릭 미술인들을 위한 성당이 있다는 것을 알았고 구로마와
신로마가 있다는 것도 알았습니다. 구로마는 우리가 아는 고색창연한
로마시대 문화와 그리스도교 문화가 고스란히 보존된 서구정신의 고향이고,
신로마는 구로마를 보존하기 위해 새로이 조성한 현대적 로마입니다.
진정 예수님의 선물이라고 느껴졌습니다.
마음을 비우고 오직 전시회에만 목표를 두고 모든 준비를 해왔기에
로마 관광 같은 다른 계획은 전혀 예상하지 않았었는데…….

전시회는 많은 이들의 도움 속에 10일 간 열렸습니다.
화랑이 구로마에 있었던 까닭에 난방이 안 되어서 12월의 첫 추위에
모두들 너무 떨었던 기억이 선명하지만. 그래도 바티칸 일간지에 전시회가
소개되는 등 긍정적인 반응을 얻은 건 큰 보람이었습니다.
한인성당 주일미사에 참석하여 주임신부님의 배려로 강론시간에
전시회에 대하여, 장애인예술학교에 대하여 이야기하며 교우들의
따뜻한 호응을 받았던 것도 잊지 못할 고마운 기억으로 남아 있습니다.

나의 그림 작업은 어떤 미술사적 유파에도 속하지 않고,

수녀원에서 - 결단 : 캔버스에 혼합재료, 91×116.8, 2001년

어떤 한 가지 재료만의 방법에도 속하지 않습니다.
나는 내가 살며 체득한 느낌들을, 이웃과 이야기하고 싶은 마음을
표현하고 있습니다.
눈에 보이는 세상의 모습만이 우리 존재 의미의 전부가 아니고
보이지 않는 내적인 세계가 있음을 다시 한 번 생각해 보게 하는
'영적인 그림' 일 수 있기를 소망합니다.

비록 한계지어진 몸이지만 다룰 수 있는 것은 많습니다.
특히 예술의전당 미술아카데미 현대미술 강좌를 통하여
미술 기법적인 측면에서 자유로이 재료를 활용하여 표현할 수 있는 이론과

실기를 다양하게 체험토록 하며 미대와 같은 교육 기회를 제공하여 주었던
권여현 교수님과의 만남 또한 깊은 감사의 정으로 마음에 새깁니다.
로마 전시회의 메인 작품들은 권 교수님께 배운 현대적 기법들을 적용한
그림들이었기에 예수님께서 화가로서의 나의 소명도 섭리로 이끌고
계시다는 굳은 확신을 더하게 하였습니다.

하늘과 꽃과 크레파스만 있었으면, 하던 어릴 때의 꿈이 현실이 된 지금,
나는 그림을 그리고 있을 때가 가장 기쁩니다.
어떤 다른 일을 하고 있으면 그 일은 내가 아니더라도 누군가가 할 수 있는
건데 생각되지만, 그림을 그리고 있을 때는 내 할 일을 하고 있다는 충만감이
싱그러운 생명력으로 가득 찹니다.
내 망가진 육신이 죽음을 통과하여 내 영혼이 하느님 품안으로 들어 간 후,
모든 이들의 기억 속에서 사람의 종교적인 심성을 참 잘 표현해낸 수녀화가
였다고 일컬어질 수 있다면…….
로마에서의 전시회는 다시 한 번 화가에의 꿈에 대하여 지극한 정성으로
기도를 올릴 수 있는 시간이었습니다.

개막식 후 축하 성지순례에 나섰던 작은예수회 회원들과 신부님은
이탈리아와 프랑스 순례를 다녀오셨고, 크리스마스 때는 로마에서 교황님께
서 주례하시는 성탄 자정미사에 참례하기 위하여 모두 다시 모였습니다.
베드로 대성당 성가대 옆 장애인석에서 성탄 자정미사를 봉헌하며
세상적으로는 쓸모없을 만큼 망가진 신체임에도 이리 귀하게 높이시어
약한 자 안에서 권능을 드러내시는 주님의 도구로 쓰이고 있는 은혜를
생각했습니다.
그에 보은하기 위하여, 이 사랑을 나누기 위하여 앞으로도 더 열심히
살아가겠노라고 예수님께 기도 바쳤던 그 순간…….

귀국 비행기 시간이 달라서 신부님 일행이 먼저 출발하고,
우리가 탈 비행기를 기다릴 때도 기대하지 않은 축복이 있었습니다.
살레시오 피정센터에 머무는 동안 우리의 편의를 들봐 주시던,
20여 년 로마에서 살아오신 한국인 박 신부님의 안내로 일반 관광코스에
들어 있지 않은 곳들을 둘러볼 수 있었습니다.
현대 로마인들이 수호 성모님 성당으로 세운 건축을 보았고,
로마 근교의 세계 각국의 구유를 모아 놓은 곳을 가 보았고,
'마리아 작은 자매회' 본원의 너무도 소박한 수녀원 모습에 감동받는 순간도
있었습니다.
안젤로성 다리 위에서 거리의 화가로부터 손바닥만하게 그린 베드로 성당
그림을 선물 받은 일, 그리고 내 전시회 다음으로 라삐냐 화랑에서 열린 로마
가톨릭미술인협회전에 특별 게스트로 초대받아 소개되며 함께할 수 있었던
시간도 잊을 수 없습니다.

로마에 머무는 첫날부터 귀국하는 날까지 물심양면의 배려와 지원을
아끼지 않으신 배양일 대사님의 배웅을 받으며 드디어 비행기에 올랐습니다.
귀국길에도 동승하여 준 이금택 이사님의 자상한 도움을 받으며 서울로
향하는 비행기 안. 로마에서 이루어진 꿈같은 일들을 되돌아 생각하며
그 모든 순간순간마다 행동하는 사랑으로 동행하여 주신 많은 분들을 위하여
깊고 깊은 기도를 바쳤습니다.

자화상 : 유화, 52.0×43.5, 2005년

"한 사람이 꿈꾸면 그냥 꿈으로 끝나지만
세 사람 이상이 꿈꾸면 현실이 된다."

여성 중증장애인의 집 '성가정의 집'을 지으며

오늘도 나는 꿈을 꿉니다.

제2차 바티칸공의회 개혁정신에 의해 천주교 2,000년 만에
한국에서 건강한 이와 장애인이 함께 수도생활을 하는 '작은예수수녀회'가
박성구 신부님에 의해 김수환 추기경님의 인준을 받아 창립되었습니다.
휠체어를 사용하는 장애인 수녀로서 종신서원을 하는 기적이 결코
한 사람만을 위한 것이 아닐 것이라고 믿기에 오늘도 나는 꿈을 꿉니다.

나에 대해 생각해 보았습니다.
사람이고, 여성이며, 한국인이고, 장애인인 나는,
자신의 의지와 상관없이 놓여진 존재 상황인 것입니다.
그 상황 안에서 살아가는 나는 화가이자 수녀로서의 길을 가고 있습니다.
이것은 은총으로 이끌려짐과 함께 내 의지의 선택이 함께한 존재 방법입니
다.
중중 지체장애인이라는 신체 조건, 수녀라는 신원성…….
이 두 가지의 특별한 삶의 모습으로 나를 세우신 하느님의 뜻이 분명히
있으리라 믿기에 그 뜻을 옳게 따르기 위하여 오늘도 나는 꿈을 꿉니다.

나 한 사람의 안온한 생활을 위하여 기적의 수녀가 있도록 하신 것은
아닐 것이라는 소명의식이 내가 할 수 있는 장애인운동에 대하여 곰곰
생각하게 하였습니다.

내가 아무리 장애인들을 위해 무언가 하고 싶어도 나의 신체 조건은 그들을
품어 안아줄 수도, 밥 한 숟가락 먹여줄 수도 없습니다.
그렇다 해도 '장애인들에게 무엇이 필요한지를 세상에 알리고 사람들의
마음을 움직여 한 사람이라도 더 장애인들의 필요를 위해 행동하도록 하는
일은 할 수 있지 않을까' 하고 생각하였습니다.

현재 우리나라의 장애인 복지 패러다임은,
장애인 스스로 자신의 권리를 찾고 있는 가운데 정부와 민간 기업에서
장애인들의 자립에 대한 지원을 조금씩 넓혀 가고 있는 실정입니다.
이에 맞춰 경중지체장애인들의 경우 시설에 들어가 살기보다 활동보조인과
자원봉사자들의 도움을 받아 가며 기초수급 생계비 지원금과 자신의 노력에
따른 수입으로 자립을 성취하는 발전적 단계로 나아가고 있습니다.
반면 중증장애인, 특히 혼자서는 자신의 삶을 어찌 이끌어가야 할지 모르는
중증이고 중복된 장애인의 경우는 여건이 만만치 않습니다.
가족들만의 책임으로 하다 보면 특수학교에 다닐 수 있는 나이를 넘는 18세
이후, 부모님들이 연로하게 되어 형제들이 책임지는 단계에서 가족해체까지
겪는 사태들이 발생하는 예가 많습니다.

우리 사회에서 가장 고통받고 소외된 계층인 중증장애인들이
사람답게 생존하여 살아갈 수 있도록 생명의 존엄함을 지켜주자면 어찌해야
할까요? 무엇보다 기본 편의시설이 구비된 사랑 넘치는 집을 지어 쾌적한
환경의 생활 요양시설을 제공하고, 아울러 개별 상황에 맞춘 케어를 통하여
삶의 기쁨을 느낄 수 있도록 해주는 일이 절실합니다.
바로 그것이 중증장애인 수녀인 제가 해야 할 일이라고 생각하였습니다.
그런 마음이 출발이었습니다.

생명 - 희망 1 : 캔버스에 파스텔과 목탄, 45.5 × 38.0, 2005년

'성가정의 집'이 있기까지에는 늘 큰 힘이 되어주시는
박성구 신부님을 말씀드리지 않을 수 없습니다.
작은예수수녀회를 창립하시고, 그 이전에 영성단체 작은예수회를
설립하시어 장애인 소공동체 운동을 펼치고 계신 분입니다.
신부님은 '함께 삶의 기쁨을!!!' 이라는 모토 아래 작은예수수녀회를 통해서도
전국에 걸쳐 서울에 4곳, 성남, 대구, 전주, 거제도, 제주도 등의 도시 안 성당
옆에 장애인 소공동체를 세워 운영하고 계십니다.
한 공동체마다 9명 기준의 여성장애인과 어머니 돛을 하는 수녀들이
한 가족을 이루어 가정같이 살아가는 형태입니다.
장애인 한 사람 한 사람을 보다 깊은 배려와 관심으로 돌볼 수 있는 시설인 것
입니다. 한 장소에 너무 많은 장애인들이 모여 사는 방식은 행정 우선적인

관리체계가 될 소지가 있어 소공동체 방식을 택한 것입니다.
그런데 장애인 공동체를 운영하다보니 새로이 해결해야 할 문제가
따랐습니다. 경중이던 장애인들도 나이가 들며 노인성 질환이 겹치고
치매까지 걸리는 모습을 보며 여생을 살아갈 수 있는 집이 필요함을 절감하였
습니다.

그런 가운데 마침 정부에서 장애인 복지시설을 위한 기금을 마련하여
전국 모든 시설들의 건물 지원 등을 도와준다는 지침이 나왔습니다.
그동안 장애인에 대한 정부의 무관심에 지쳐 있던 터라 처음엔
긴가민가했습니다. 그래서 반응을 안 보였더니 전국의 공동체들에
동사무소 직원들이 드나들며 지침을 안 따르면 폐쇄시킨다고 한다는
연락들이 왔습니다.
전과는 좀 다른 것 같다는 생각에 공청회, 설명회 등에 참석해 보았습니다.
들어보니 이번엔 현실적이고 구체적인 대안들을 제시하고 있어서 도움을

생명 - 희망 연작 : 캔버스에 아크릴, 2005년

받는 게 좋겠다는 판단이 섰습니다.

그 덕에 또 한 번 세상에 없던 일들에 도전하게 되었으니…….

사회복지사 자격증을 딴 것도 그 중 하나입니다.

앞으로는 수녀들도 자격증이 있어야지 사랑만으로 시설을 운영할 수 없다는
것이었습니다.

그래서 우리 수녀들도 명지대 사회교육원에서 사회복지사 재직자
양성코스를 교육받아 자격증을 취득하게 되었고, 저도 그 교육과정을 통하여
2004년에 사회복지사 자격증을 받게 되었습니다.

장애인복지운동에 수녀로서의 소명감을 느끼고 있던 터에, 사회복지사
자격증까지 따는 변화를 맞으며 계획은 더욱 탄력을 받게 되었습니다.

'그렇다면 중증장애인을 위한 집짓기는 바로 예수님의 뜻이야' 하며…….

건축을 위한 작업은 2005년부터 본격적으로 실행에 옮겨졌습니다.

박성구 신부님께서 다른 어느 곳보다 작은예수회 다을 안에 먼저 지어야

생명 - 희망 연작 : 유화, 52.0×43.5, 2004년

한다고 하시며 1,200평의 부지를 마련하여 주셨습니다.
이어 '작은예수인' 모두의 기도와 소망을 담아 부지 소재지인 가평군에
기능 보강비 신청서를 제출하였습니다.
가평군청과 경기도청을 수시로 드나들며 관계자들과 협의하고,
무작정 복지 관련 국회의원들을 찾아가 취지를 설명하였습니다.
중증장애인 집짓기는 초당파, 초교파적으로 이루어내야 한다고 역설하며
도움을 청하고, 공무원들을 만나면 전국에 3, 40만 명 되는 중증장애인들을
위하여 이런 시설이 꼭 필요하다고 설득했습니다.

그런 중에도 홍보와 모금 활동은 계속해 나갔습니다.
사회복지사 자격증을 받도록 하는 등 여러모로 배려하여 주신 명지대
사회교육원 고명석 교수님께 조언을 구하고, 신부님께 배운 대로 기도문을
만들어 나누었습니다.
또, 모금하기 위한 촉매제로 새 책도 내게 되었습니다. '작은씨앗 출판사'
김경용 사장님의 제안으로 이번에는 저의 어린 시절을 동화 형식으로 엮어
《누워있는 피카소》라는 제목으로 고정욱 작가가 글을 써 주셨고 저의 삽화를
넣었습니다.

또 다시 서울에서 제주도까지 사람들이 많이 모이는 행사장을 돌며
정말 진이 다 빠지도록 쫓아다녔습니다.
중복 중증장애인들의 문제를 사람들에게 전하고 '여성 중증장애인을 위한
집짓기'를 외치며 동분서주 바쁘게 다녔던 3~4년의 시간들……
십시일반 도움을 주신 많은 이들을 만나고, 성당으로, 행사장으로 책을 팔러
다녔습니다. 국회의원들에게 호소하여 의원회관 로비에서 바자회를
개최하여 모금하며 사람들의 관심을 이끌어내기 위한 노력을 아끼지
않았습니다.

밤에 잠을 자다가 깨어 너무도 부족하고 능력 없음에 자괴감을 느껴
울었던 날도 적지 않습니다. 포기하고픈 순간들을 수없이 겪으면서도
모두에게 해서 좋은 일은 해야 하는 일이다, 라고 다시 오뚝이처럼 다짐을
거듭하였습니다.

그러한 날들을 보내고, 드디어 2008년.
경기도 가평군 하면 마일리 작은예수회 마을 안에 고대하던 여성 중증장애인
요양시설이 완공되었습니다.
집의 이름은 '성가정의 집'으로 명명하였습니다.
'작은예수수녀회' 원장에서 '성가정의 집' 시설장으로 보직을 바꾸며
이 믿을 수 없도록 밝고 쾌적한 집이 현실로 우뚝 세워진 것에 감격했습니다.
그 안에서 중증장애인들, 복지사 선생님들, 수녀들이 함께 어울려 살아가게
되었으니, 세상은 역시 꿈꾸는 이들을 돕는다는 것을 새삼 알게 해준 우리의
집입니다.

그냥 모든 분들께 더 없이 감사하는 마음만이 가득할 뿐입니다.
1,000원, 2,000원 쌈짓돈을 보태어 주신 할머님들,
가정 살림이 빡빡할 텐데도 만 원, 5만 원, 10만 원 기부와 함께 국회 바자회
등에 자원봉사까지 뛰어준 '하루와' 모임의 어머님들,
김재윤 의원, 안명옥 의원, 정병국 의원, ㄴ경원 의원 등 정말 많은 분들이
바자회에 물품을 내주시고 구매를 하여 주셨습니다.
특히 경기도 복지예산이 17~18%였던 것을 재직기간 동안 23%까지 끌어
올리신 김문수 경기도지사님의 복지마인드는 크나큰 힘이 되어주었음에
깊은 감사를 드립니다. 십시일반 모금부터 도비, 극비 기능보강 지원금까지
모이고 모여 참으로 기적적인 건축을 이루어낸 '성가정의 집' 입니다.
누워 있는 중증장애인 수녀의 세상에 없던 일에의 도전 끝에 세워진

중중장애인들의 보금자리…….
진정으로 모든 영광을 예수님께 돌리며,
다시 한번 박성구 신부님과 작은예수회 모든 분들께 지극한 감사를 드리며
여기 기록 못한 수많은 은인들께 축복이 가득 내려지기를 마음 모아
기도합니다.

2009년 올해로 내 나이 만 59세, 한국 나이로 육순.
나는 지금을 인생의 제3기, 참된 나를 다시 찾아가는 시기라고 말합니다.
단 하나인 오직 한번뿐인 생애를 다 바쳐 궁극적으로 구원의 축복에 들어가기
위해 살아온 그 모든 순간들에 대해서는 주님의 손길에 맡기는 저입니다.
지금부터, 처음이듯이,
이제 막 세상으로 사회 속으로 나와 일하기 시작하는 젊은이처럼 모호한
미래에 두근거리는 가슴을 안고 저는 이제 또다시 희망의 꿈길을 걸어가려고
합니다.

우리 사회에 지금 필요한 일, 있어야 할 자리를 찾아 나아가려 합니다.
다시 역부족을 느끼며 혼자 우는 밤이 있을 것이고,
탈진하여 죽을 듯이 몸살을 앓는 날도 있을 것입니다.
그 모든 것을 감내할 수 있게 하는 에너지원은 인생의 고통들 안에
현존하시며 아파하시고 치유하시며 함께하여 주시는 자비의 예수님, 그리고
행동하는 사랑으로 감응해 주며 마음과 시간과 능력을 나누어 주시는
여러분과의 동행입니다.

나의 모든 땀과 눈물을 다 쏟아 부어도 이루어 내기 벅찬 꿈들…….
그러나 우리 사회가 더불어 사는 복지사회로 가기 위해서는
꼭 이룩해 내야만 하는 취약한 영역들이 아직도 적지 않기에,

일상속의 종교성 : 캔버스에 아크릴, 52.0×43.5, 2003년

중증장애인의 몸으로 오늘에 이르기까지 함께 동행하여 주신 모든 분들의
사랑의 힘을 경험한 수녀로서 이 꿈길에도 동행하여 주시기를 초대합니다.

저와 같은 모습의 다른 장애인들을 위하여 일하고 보은하고 싶은 갈망에
저 또한 더 많이 기도하고, 아픈 관절을 움직여 그림을 그릴 것입니다.

골리앗과도 같은 이 세상 앞에 하느님이 던져 놓으신 다윗의 돌팔매의
작은 돌멩이처럼 가장 나약하고 불가능해 보이는 몸이지만,
그럼에도 세상의 없던 일들의 중심에 설 수 있었음은

제 생애의 고비고비마다 사랑으로 동행하는 이들이 있었기 때문입니다.
저는 앞으로도 세상에서 처음 보는 일들에 도전하여 나갈 것입니다.
이 몸을 이렇게 태어나게 하신 하느님의 뜻을 따라서!
장애인이니까 하며 미리 포기하고 꿈도 꾸지 못하던 일들도 우리가 함께
행동하기에 따라 현실 속에서 이루어 낼 수 있음을 세상에 전하면서…….

무지개 약속 : 캔버스에 아크릴, 41.0 × 63.6, 2003년

✝ (후기) 무지개 약속

자전적 그림에세이 《동행》이 첫 출간되고 9년…….

절품된 책을 읽고 싶어 하는 많은 분들의 요청으로 재출간을 준비하던 중

예기치 않은 교통사고로 다리를 다쳐 포기 상태에 빠져 있던 저에게

용기를 북돋우고 병상에서도 할 수 있는 작업을 계속하도록 격려를 보내준

25년지기 친구.

여러 자료들을 거북이처럼 느릿느릿, 뒤죽박죽 산만하게 보냈음에도

인내로이 정리해 가며 재편집하여 세상에 다시 빛을 보게 해준

'가라뫼출판사' 김래주 대표님께 감사기도 바쳐 드립니다.

분실된 그림 자료들을 찾아서 재촬영해준 김상근 님과 긴 시간 스캔과 동영상 캡처를 맡아준

김광염 님, 서울의 병원과 가평 '성가정의 집'을 오가며 자료를 찾아오고 새로 쓴 글의

워드 작업을 해준 윤선희 님 세 분을 위해서도 진정 감사기도 바칩니다.

2009년 지금,

윤석인 수녀를 아껴주시는 모든 분께 새삼스런 마음다짐을

전해 드리고 싶습니다.

4월초 성금요일에 '성가정의 집' 업무차 외출하였다가 돌아오는 길에

한 택시의 신호 위반으로 차가 충돌해 발목 두 곳에 골절상을 당하였습니다.

약 한 달 반 이상 병원에 입원하였다가 성령강림대축일을 앞두고 퇴원하여

지금은 성가정의 집에 돌아와서 통원치료를 하고 있습니다.

사고 후 3개월이 지나도록 깁스를 하고 있는 오른쪽 다리를 봅니다.
워낙에 류머티즘 관절염으로 좋지 않은 상태에서의 골절이라 뼈가 스펀지
같아서 진액이 나오지 않아 붙지 못하고 있다는 의사선생님의 말씀이 귓가를
맴돕니다. 다치던 날, 밤새도록 참을 수 없는 고통에 비명을 지르며 다짐했던
생각을 되새깁니다.

"못 쓰게 된 다리였지만 수많은 일을 할 수 있도록 잘 지탱하여 준 다리를
또 다치는 이 시련으로 인해 절대로 어두워지지 않을 거야! 절대로 예수님도
그 어떤 사람도 원망하는 내가 되지 않도록 내 마음을, 내 영혼을 지킬 거야!
모두 용서하고 모든 관계의 치유를 위해 이 고통을 봉헌하며 기도할 거야!"

온 몸이 식은땀에 젖으며 내 비명소리를 내 귀로 들으며 오히려 마음과
영혼이 투명하게 비워지고 맑아지는 순간을 느꼈던 그 밤 이후에도
격심한 통증에 시달리는 시간이 다른 사람들보다 너무 길었습니다.
그 고통 속에서 모든 것을, 특히 모든 관계 속에서 주고받은 상처들을
용서할 수 있도록, 용서받을 수 있도록 기도할 수 있게 되는 은총을 체험하게
되었으니……. 원목실 신부님께 고백성사를 하고, 살아 온 시간들의 앙금들이
거두어지며 영혼과 마음과 몸까지 가벼워지는 듯 깊은 평화를 누리게
되었습니다.

예수님께서 인간이 되어 사람살이를 살아 보시고 우리에게 당부하셨던 말씀

그대로 진정 우리네 삶에서 가장 중요한 것은 용서와 사랑입니다.

다만, 하느님은 약속을 지키고 계시는데 나는 약속을 지키고 있었는가를 항상
겸허하게 되짚어 보아야 한다고 다짐합니다. 성경의 창세기에서 노아의 홍수
이후 인류를 축복하시는 약속의 표지로 세우신 무지개…….
무지개는 둥근 원을 그리지 않고 한 쪽 끝이 다른 쪽 끝으로 이어지며 반원을
그리는 형상입니다. 하느님께서 약속한 한 쪽과 나의 약속의 한 쪽이
이어져서 반원의 무지개는 먹구름 사이를 뚫고 기적처럼 아름다운 일곱 빛깔
사랑의 계약으로 떠오를 수 있는 것입니다.

어쩌면 앞으로 반깁스를 댄 상태로 살아야 할지도 모르는 다리를 보며 가만히
내면의 소리에 귀 기울입니다.

"예수님! 제가 그동안 말이 누워 있는 장애인이었지 '저 사람이 죄를 지은
것도 아니고 그 부모가 죄를 지은 것도 아니다. 하느님의 일이 저 사람에게서
드러나려고 그리된 것이다(요한 9. 3)' 라는 성서 말씀을 증거하듯 신체 건강
한 사람들보다도 많이 온 세상을 돌아다녔습니다. 이제 또 새로운 세계를 열
어 주신 것이라고 생각하렵니다. 산 좋고, 물 좋고 공기 좋은 가평 '작은예수
회마을 성가정의 집' 에서 기도하며 그림 그리며 '와서 보시오(요한 1. 46)' 라
며 복음을 사는 모습을 온 세상에 드러내시기 위한 뜻이라고 믿으렵니다.
지금까지처럼 가장 약한 자를 통하여 권능을 드러내시는 주님께 온전히

의탁하며, 완쾌되지 않은 다리를 지니고 살아갈 수밖에 없다면 그 한계를
다하여 꿈을 이루기 위한 도전을 하여 갈 것입니다."

다음 글은 같은 내적체험을 하신 분들의 공감되는 표현들이기에 적어 봅니다.

[병원에서 보았던 신문기사 한 구절]
암으로 얼마 남지 않은 생을 앞에 두고 있는 한 분은, 하고 싶은 것이 많았는데 줄이고 줄이다
보니 딱 하나만 남더라고. 다 깨끗이 용서하고 가는 것이더라고…….

[온라인 만화 'If Thou Must Love Me' 의 한 구절]
사람의 몸을 입고…… 사랑은 영원불변을 담기엔 턱없이 설익고 어리석은 것이지만
끝없는 용서를 배워 상대를 용서하고 스스로를 용서한 후에야 변하지 않는 사랑을
이야기 할 수 있다는 것을…… 그 깨달음은 죽음을 몸과 마음이 느끼고 있을 때만
가능한 것인가?

이 자리를 통해,
매일 미사에서 치유기도를 봉헌하여 주고 계신 박성구 신부님과
발 빠르게 움직이며 기도하여 주신 수녀님들 모두와 작은예수인들께,
성가정의 집 직원 여러분들과 장애인 식구 부모님들과 '고리기도' 를
문자로 계속 보내오며 같이 아파해 준 '하루와' 어머님들께,
류머티즘 관절염으로 장애 입은 뼈에 맞갖게 진료하여 준 여의도 성모병원

정형외과 정진하 교수님과 의료진 및 간호사분들께, 전문 간병인다운
노련함으로 정성껏 보살펴준 장효숙 님과 기도와 격려로 응원하여 준 가톨릭
간병인회 여러분께, 입원기간을 피정하는 마음으로 지낼 수 있도록
예수님의 사랑을 보여준 원목실 신부님과 모든 수녀님께, 그 외에 문병과
기도로 힘을 북돋아 주신 많은 분들께 깊은 감사의 마음을 담아 정성 가득한
기도 바쳐드리고 있음을 전해 올리고 싶습니다.